Ulrich Franz Nettig

Liebe geht anders

AF201079

Das Buch:

Das Buch ist das Ergebnis eines langen, zeitweilig verzweifelten Lebens. Zu Beginn standen auf diesem Weg Fragen des Glaubens und Aberglaubens, des Willens und der Sünde, der Freiheit und des Fatalismus. Kann man, was man will? Kann man wollen, was man will?

Die Dialektik zwischen Zufall und Notwendigkeit - eine lange Reise durch Psychologie und Philosophie, durch Theologie und Kunst. Die letzten Erkenntnisse sind so einfach und klar und konnten doch nur in all der durchlittenen Tiefe und Schwere gefunden werden.

Wer das nun so Leichte versteht, braucht nicht mehr alles Schwere nacherleben. Jede/r kann gleich die neue Freiheit des Denkens und Empfindens genießen, wenn nur etwas Interesse und etwas Willen da ist.

Ganz ohne diese Qualitäten gibt es allerdings - im übertragenen Sinne - noch nicht einmal Butter, geschweige denn Lachs. Dieses neue Denken und Empfinden ist ein MUSS für jeden Arzt und Therapeuten.

Liebe geht anders

Kardio-kognitive-Transformation

Ulrich Franz Nettig

© 2020 Nettig, Ulrich F.
Herstellung und Verlag:
BoD – Books on Demand, Norderstedt
ISBN: 9783750451476

2. Auflage

Bibliografische Information der Deutschen Nationalbibliothek:
Die Deutsche Nationalbibliothek verzeichnet diese Publikation
in der Deutschen Nationalbibliografie; detaillierte bibliografische Daten sind im Internet über dnb.de abrufbar.

Layout/Formatierung:
Anja Schmid, Hamburg

Bildrechte:
Reinhard Behnisch, Seiten 9/17/27/39/43/59/75/98
Ulrich Nettig, Seiten 83/87/95

Inhaltsverzeichnis

Über den Autor

In Salach, am Fuß des Hohenstaufen in Baden-Württemberg geboren, wuchs ich die ersten sieben Lebensjahre in der damaligen DDR, an der polnischen Grenze, in der Nähe von Cottbus auf. Vom 7. bis zum 23. Lebensjahr wurde ich Schwabe und lernte Schwäbisch als erste Fremdsprache. Nach der Schule absolvierte ich eine Lehre im graphischen Gewerbe als Schriftsetzer. Über den zweiten Bildungsweg gelangte ich zum Medizinstudium und machte später eine Psychotherapie-Ausbildung, die für meine Entwicklung ausschlaggebend war.

Bereits während des Medizinstudiums (1975-1982) erwachte mein Interesse an psychosomatischer Medizin. In Kliniken hatte ich vor meiner Niederlassung als Kassentherapeut 11 Jahre Erfahrungen gesammelt in Pathologie, Akutpsychiatrie, Gerontopsychiatrie, Suchtklinik und psychosomatischer Klinik (1983-1995).

Besonders die Therapieausbildung bei der Ärztekammer Schleswig-Holstein und Niedersachsen war für meine Therapierichtung ausschlaggebend. Im Selbsterfahrungsbereich waren es die 12-Schritte-Gruppen, die mich prägten, darüber hinaus: Hypnotherapie, Verhaltenstherapie, Gestalttherapie, Primärtherapie, Familienstellen nach B. Hellinger und Schamanische Reisen (1972 bis 2019). Hinzu kamen Fortbildungen, wie Autogenes Training, Muskuläres Entspannungstraining nach Jakobson, Katathymes Bilderleben nach Leuner, Gesprächstherapie nach Rogers, Psychodrama nach Moreno, Verhaltenstherapie, tiefenpsychologisch fundierte Psychotherapie, Existenzanalyse und Logotherapie nach Viktor Frankl (1986 bis 1998).

Mit der Entwicklung des Therapieverfahrens der kardio-kognitiven Transformation begann ich etwa 2010, seitdem konnte ich eine Vielzahl therapeutischer Erfolge bei meinen Patienten/innen damit erreichen.

Diesen Weg kannst Du allein gehen

Einleitung

Es gibt heute einen Weg, der für die meisten Europäer zu einem zufriedenen und erfüllten Leben führen kann. Den Prozess dorthin nenne ich kardio-kognitive Transformation. Es geht dabei um eine Verwandlung des Denkens und der Empfindungen.

Unser Denken und unsere *Empfindungen* (1) (Kursiv Gedrucktes wird im Glossar erläutert) sind gleichermaßen von Bedeutung. Denn eine Einstellungsänderung allein reicht nicht aus, wenn Gefühle in bestimmten Situationen zu groß und zu unangenehm sind. Viele können noch so liebevoll sein wollen, werden aber dennoch Angst bekommen, wenn die Verhältnisse existentiell schwierig werden oder sie sich in die Enge getrieben fühlen.

Erst wer eine Verwandlung der Empfindungen erlebt hat, sodass das Herz auch in schwierigen Situationen ruhig bleibt, der Blutdruck auch in brenzligen Situationen nicht überschießt und auch bei persönlichen Beleidigungen friedvolle Empfindungen bleiben, der ist in eine höhere und andere Liebe eingetreten.

Es geht bei der kardio-kognitiven Transformation um Ähnliches wie das, was C. G. Jung[I] „Individuation" genannt hat, oder Erich Fromm[II] „ganz geboren werden", Dürckheim[III] sprach vom „großen Ich".

Das Ziel der kardio-kognitiven Transformation ist es, über unser Denken und Erkennen unsere Empfindungen und Emotionen zu verwandeln. Dadurch wird ein optimales, andauerndes Wohlempfinden generiert.

I   Psychoanalytiker, 1875 bis 1961, Begründer der analytischen Psychologie
II   Psychoanalytiker, Philosoph und Sozialpsychologe, 1900 bis 1980
III   Diplomat, Psychotherapeut, Zen-Lehrer, 1896 bis 1988

Bei den meisten Therapieansätzen steht die Auseinandersetzung mit den Empfindungen zu wenig im Fokus, sodass viele Therapien kein befriedigendes Ergebnis zulassen.

Auch im Laufe der Geschichte sind unsere Empfindungen immer etwas zu kurz gekommen. Nicht umsonst hieß es im Tempel zu Delfi: „Erkenne dich selbst!" und nicht „Empfinde dich selbst!". Vermutlich bedeutete bei den Griechen Empfinden und Erkennen allerdings noch das gleiche, so wie es auch bei Descartes[I] noch eins war: „Ich denke, also bin ich!" bedeutete für ihn gleichzeitig auch „Ich empfinde, also bin ich!".

Die Neuzeit verschärfte die Trennung zwischen Denken und Empfinden. Die Entwicklung der Naturwissenschaften, das exakte Beobachten, die sogenannte *„Objektivierung"* (2) führten zu einer immer stärkeren Zurücknahme des Empfindens. Das Materielle, das Vernünftige und das Notwendige sind in unserer heutigen Welt überbetont. Empfindungen und *Emotionen* (3) spielen hingegen eine untergeordnete Rolle.

Schließlich lässt sich eine Empfindung nicht objektivieren, nicht vergleichen, nicht messen. Die Empfindungen, besser die Körperempfindungen, jedes einzelnen Menschen sind einmalig und ein im Augenblick stattfindendes subjektives *Phänomen* (4), oder inneres Ereignis.

Mit der *Phänomenologie* (5) wurde das *ganzheitliche* (6) Denken neu gedacht. „Zu den Dingen selbst", der Ausruf der Phänomenologen, rückte das Empfinden selbst wieder stärker ins Blickfeld. Was bleibt, wenn der Mensch nicht mehr denkt? Nun er empfindet dann ja immer noch. So wurde auch die Empfindung zu einem Ding, das man betrachten kann. „Zur Empfindung selbst!" stellt letztlich einen Bewusstseinsakt dar, der einen neuen Blick auf unsere Gefühlswelt erlaubt.

I Deskartes, Rene`, 1596 bis 1650, Mathematiker, Philosoph, Naturwissenschaftler, s.a. Lit. Verz.

Ein Gefühl ist immer eine vielgestaltige Mischung aus geerbten, gelernten, gedachten, fantasierten und in die Zukunft projizierten Anteilen. Die reine Körperempfindung hingegen ist immer ein nur im Augenblick subjektiv wahrnehmbares Ereignis. Dieses Ereignis ist wahr. Damit ist die im Jetzt wahrgenommene Empfindung das in uns gegenwärtig stattfindende Wahre.

Die Empfindung ist das lebendige Sein in uns, es kann angenehm oder unangenehm sein, es ist immer das Leben, absolut, klar, deutlich oder verschwommen, diffus oder undeutlich vorhandenes, wenn auch vielen wenig bewusstes Leben. Genau um diese Empfindung geht es im Wesentlichen in der kardio-kognitiven Transformation. Es geht darum zu lernen, die eigenen Empfindungen wahrzunehmen und negative Empfindungen in positive zu transformieren.

Für die Veränderung der Gefühle und der Empfindungen braucht es auch eine Veränderung des Denkens. In den 60er Jahren kam Martin Heidegger[I] auf den provokativen Satz: „Das Bedenklichste in unserer bedenklichen Zeit ist, dass wir noch nicht denken".

Hattest Du wirklich schon einen eigenen Gedanken? Ist das Nacherzählen, Nachdenken von Gelerntem und Erlebtem wirkliches Denken? Nein, ein eigener Gedanke ist wie eine neue Erfindung. Ja, wir sind frei. „Der Mensch der erste Freigelassene der Natur", so der Titel eines Buches von Herder.[II] Aber was machen wir mit dieser Freiheit? Nutzen wir sie? Interessiert es uns überhaupt zu verstehen, wie wir denken, oder ob wir unser Denken steuern können?

Wir kommen zu keinem größeren Wohlbefinden, wenn wir nicht auch das Denken ändern. Das bedeutet: Wenn wir

---

I   Heidegger, Martin, 1889 bis 1976, Philosoph
II   Herder, Johann Gottfried,1744 bis 1803, Dichter, Theologe, Kultur-Philosoph, Schriftsteller

zufriedener werden wollen, wenn wir uns weiterentwickeln wollen, ganzheitlich und selbstverantwortlich leben wollen, bleibt uns keine andere Wahl, als mit dem Denken und mit dem Erkennen zu beginnen.

Der erste Schritt ist, sich der eigenen Empfindungen und Gedanken bewusst zu werden. Das bedeutet, ein achtsamer Beobachter oder eine achtsame Beobachterin des eigenen Denkens und Empfindens zu werden. Nicht nur das Denken beobachten, sondern gleichzeitig auch das, was wir im Körper empfinden. Hier findet sich eine starke Übereinstimmung der KKT mit Zen-buddhistischen Techniken.

Als nächstes bedarf es der Akzeptanz, besser noch der liebe-vollen Annahme dessen, was empfunden wird, oder auch des Aushaltens einer negativen Empfindung. Die Transformation geschieht von selbst. Wir empfinden zum Beispiel ein Zusam-menziehen und Engwerden der Atemwege oder des Magens bei einem bestimmten Verhalten eines Mitmenschen. Der oder die andere hat etwas in uns ausgelöst, was transformiert werden will.

Solange wir andere für unsere eigenen Empfindungen verantwortlich machen, können wir nichts transformieren. Wir können die Verantwortung über unsere Empfindungen zurück-gewinnen und gewinnen dadurch uns selbst. In den folgenden Kapiteln werden das theoretische Modell der kardio-kognitiven Transformation ausführlicher dargestellt und praktische Tech-niken vermittelt, die den Transformations- und Wandlungs-prozess beschreiben. Es ist ein Erlebnisansatz, denn nur im Erleben werden Empfindungen zu Realitäten, die wahrnehm-bar und veränderbar sind.

Die mit arabischen Ziffern gekennzeichneten Begriffe wer-den im Glossar erläutert.

Die Fussnoten verweisen auf Autoren, von diesen stammen Zitate oder Ideen, die ich verwendet habe. Die Autoren sind jeweils in der Fussnote angegeben - siehe römische Ziffern im Text. Im Literaturverzeichnis werden die Autoren kurz beschrieben und hilfreiche Hinweise zur Literatur gegeben.

Viele Leserinnen und Leser meines Manuskriptes fanden die Briefe am Ende des Buches besonders interessant, weil sie einen Einblick geben in den Kontakt zu Patienten oder Menschen, die kardiale Transformation kennen gelernt hatten oder kennenlernen.

Ohne Weiteres kann man die Briefe auch zuerst lesen, dazu ist es nicht erforderlich, vorab etwas über die Theorie der KKT gelesen zu haben.

Ich wünsche Dir viel Freude mit meinen Ideen und vor allem Verständnis für dich und andere mit einem liebevollen Ergebnis.

Vorbemerkung

Kardio-kognitive Transformation. Viele kennen den Kardiologen oder das EKG, also das Elektro-Kardiogramm. Auf dieses „Kardio" bezieht sich die Begrifflichkeit, wenn von der kardialen Transformation gesprochen wird. Es geht um das Herz, das organische Herz in unserer Brust, aber auch um die Gefühle und die Empfindungen, die mit dem Herzen verbunden sind. Manche spüren ihr Herz nur, wenn sie sich nach der Sauna kalt abduschen und dann den Pulsschlag im Körper wahrnehmen. Andere spüren ihr Herz, wenn sie verliebt sind. Wieder andere spüren ihr Herz so intensiv, dass es ihnen Angst macht und sie mit einem Herzinfarkt rechnen.

Was hat es denn mit dem Herzen, der Empfindung im Herzen auf sich, welche Zusammenhänge gibt es und können wir darauf Einfluss nehmen? Können wir etwas verändern, transformieren, nach unseren eigenen Wünschen? Oder ist alles Schicksal, ist es Charakter, angeboren, was wir im Herzen spüren und wie sich die Gefühle in unserem Herzen entwickeln?

Außer einer neuen Sichtweise auf Gefühl und Empfindung geht es bei dieser Methode auch um das *Kognitive* (7), das Gedankliche.

Ich stelle mit meinem Therapiekonzept ein Denkmodell vor, das unser Leben revolutionieren kann im Sinne von Liebe, Frieden und Wohlbefinden. Welchen Einfluss hat das Denken auf unser Leben. Können wir frei denken, können wir etwas Eigenes denken? Welche Rolle spielt der Wille, die Fantasie, das Vorstellungsvermögen, die Erinnerung, die Gewohnheit für unser Denken?

Wie ist die Beziehung zwischen unserem Denken und unserem Fühlen und Empfinden?

Man kann auch fragen - Wie ist die Verbindung zwischen unserem Kopf und unserem Herzen. Ich meine damit die Verbindung zwischen unserem Denken und unserem Empfinden. Meine eigene Lebenserfahrung selbst und bei tausenden von Patienten bestätigte mir immer wieder, dass die Verbindung zwischen denken und fühlen entscheidend ist für die Frage des Wohlbefindens letztlich für die Gesundheit.

Man könnte von kognitiv-psychosomatischem Geschehen sprechen. Man könnte das Soziale noch mit einbeziehen und die Tat des Einzelnen. All dies wird bei meinen Ausführungen ebenfalls berücksichtigt.

Zunächst nur so viel, um eine Vorstellung von kardio-kognitiv zu gewinnen und zu erkennen, dass es um die Veränderung beider Bereiche geht: Kopf und Herz.

Dabei ist eben auf der Empfindungsebene auch das Organ Herz gemeint. „Kardio" steht allerdings auch für Empfindung im Allgemeinen. Es geht also bei dieser Methode nicht um das, was üblicherweise „Gefühl" genannt wird - es geht um die Wahrnehmung und Veränderung dessen, was wir tatsächlich, jede/r für sich persönlich im Körper spüren, fühlen, wahrnehmen: die subjektive Empfindung.

Es geht um die Veränderung beider Bereiche: Kopf und Herz

Warum kardio-kognitive Transformation?

Zufriedenheit, Glück, Gesundheit, Mut, Motivation, Vertrauen in die Zukunft, Friedfertigkeit, Liebe, Kraft, Integration von Empfinden und Denken, Wohlbefinden, Autonomie, Erfüllung…

Dies sind einige Begriffe, die kardio-kognitive Transformation (KKT) umschreiben. Es ist ein Lebenskonzept, ein Therapieverfahren, eine psychologische und philosophische Sichtweise der Welt und des Menschen, die helfen wird, unser individuelles Menschsein auf eine neue Stufe zu heben. Es geht dabei um Selbsterkenntnis und Selbstverwirklichung.

Unser menschliches Wesen ist ein Wunder, mit allem was in uns steckt und was wir erschaffen können - wenn da nicht so viel Unbewusstes wäre: Sorgen, Ängste, unangenehme Empfindungen, Sinnfindungsbarrieren, Entwicklungshemmnisse, negative Gedanken und unzureichende neue Erfahrungen. Mit dem Ansatz der kardio-kognitiven Transformation und den Erfahrungen, die sich daraus ergeben, können wir den Weg zu uns selbst und einem erfüllten, begeisternden Dasein erleichtern.

Alles basiert auf der Liebe. Es ist gleichgültig, was ich betrachte - ob es ein Mensch ist, eine erlebte Situation, eine Blume, ein Foto oder der Satz in einem Buch. Ich entscheide, ob ich liebevoll auf etwas blicken will oder nicht. Was heißt das: „liebevoll"? Es bedeutet zunächst, offen zu sein, trotz aller Vorurteile, offen für etwas Neues, das Überraschende, etwas, worüber man staunen kann.

Kinder sind üblicherweise ehrlich und liebevoll. Nicht ohne Grund sagte Jesus sinngemäß: Wenn ihr nicht werdet wie die

Kinder, könnt ihr nicht ins Himmelreich kommen - was ja nichts anderes bedeutet, als in die Liebe zu kommen, denn Liebe ist Paradies, ist Himmelreich. Man kann nur ein liebender Mensch werden, wenn man sich dafür entscheidet - und wir sind frei, das zu entscheiden.

Also erst die Entscheidung: Ich will ein Liebender, eine Liebende werden. Die nächste große Entscheidung: Ich will meine Begabung finden und leben. Jeder von uns bringt bestimmte Talente und Begabungen mit auf die Welt.. Manchmal stechen sie ins Auge, bei anderen sind sie tief verborgen. Wir können unsere Gaben nur durch Probieren herausfinden.

Wir haben eine angeborene Neugier. Oft wurde sie verschüttet, weil wir als Kinder nicht gefördert wurden, nicht geliebt wurden, uns Angst gemacht wurde, wir nicht forschen durften, weil wir uns ja dreckig machen könnten oder gefährden könnten, weil wir überfordert wurden, uns keine Zeit zum Probieren gelassen wurde.

Wenn wir ungeliebt waren, müssen wir Dinge nachholen: z.B. singen, springen, tanzen, rutschen, mit Dreck spielen, planschen, fliegen, mikroskopieren, fotografieren, malen, musizieren, experimentieren.

Was bereitet uns Freude, was können wir gut? Wenn wir etwas gefunden haben, sollten wir dranbleiben und üben. Vielleicht stellen wir nach einiger Zeit fest, dass wir das Falsche geübt haben, dass wir den falschen Beruf gewählt hatten, den falschen Mann, die falsche Frau - dann müssen wir uns korrigieren. Wir müssen noch mal probieren, bis wir wissen, was unsere Gabe ist und womit wir diese Welt bereichern können.

„Aus Selbstsicht wird Weltsicht", so formulierte es Dr. Böschemeyer[1], mein Lehrer in Existenzanalyse. Ich formuliere

---

1 Böschemeyer, Uwe, 1939 geboren, Theologie, Psychotherapeut

noch weiter: „Aus dem Denken über sich selbst wird das Denken über andere", „aus dem Selbsterleben wird Welterleben". Das bedeutet letztlich: Wenn ich mich selbst liebe, gedanklich und auf der Ebene der Körperempfindung, meine Liebe zu mir selbst zunehmend spüre, dann spüre ich auch die Liebe zu allem und denke liebevoll über alles.

So tritt die Transformation von selbst ein. Es geht um Mutiges-sich-selbst-Ausprobieren. Ohne diesen Mut und die Offenheit für Neues gibt es keinen Fortschritt. Angst sollte uns nicht davon abhalten; denn im Grunde gibt es Angst nur als aktuelles Gefühl (23) der Gefährdung und einer entsprechenden Empfindung.

Meist wird unter Angst das verstanden, was man sich alles ausdenkt, was man fantasiert und sich vorstellt, was geschehen könnte. Das ist keine Angst, sondern das sind Gedanken, die man sich abgewöhnen kann. Auch das ist eine Entscheidung. Will ich mir unsinnige, ängstliche Gedanken abgewöhnen oder nicht.

Das hört sich leichter an als es ist. Menschen haben vor den verschiedensten Dingen Angst: vor der Dunkelheit, dem Fliegen, oder dem schwarzen Loch, in das sie fallen könnten. Wenn keine „vernünftige" Angst vorliegt, kann man sie sich abgewöhnen. Man beginnt in kleinen Schritten und dehnt seinen Aktionskreis, seine Handlungsmöglichkeiten durch Probieren, durch Wissen, durch neues Erleben immer mehr aus.

Kardiale Transformation ist so einfach und so leicht anzuwenden, kann Menschen zufriedener machen, dass ich es verbreiten muss, wenn ich meiner Verantwortung in der Welt - als Arzt, als Psychotherapeut, als Mann und Mensch, als Vater, Geliebter und Opa - gerecht werden will.

Die Methode ist das Ergebnis einer langen Reise, diese Reise begann als Säugling mit der Trennung von der Mutter und führte über Ängste, Abhängigkeiten und Depressionen zu einer über viele Jahre währenden tiefen Zufriedenheit und Sicherheit.

Das Resultat dieser Reise ist die vorliegende Theorie, die notwendigerweise vorläufig ist, da über diese Thematik so viele verschiedenste Ansätze vorhanden sind, dass hier wirklich nur ein kleiner Zipfel einer warmen, kuscheligen Wolldecke angeschaut werden kann.

Bei rechter Betrachtungsweise und Übung kann man sich allerdings auch an diesem Zipfel der Decke schon ordentlich wärmen, zumal es, hat man den Zipfel erst mal ergriffen, von Tag zu Tag wärmer wird.

Theoretische Anmerkungen

Eine Theorie ist eine Behauptung, die nicht bewiesen ist. Und alles was ich hier schreibe sind Behauptungen. Es sind mehrere Behauptungen, die zum Baustein einer Theorie werden können. Wer sie glaubt, glaubt Behauptungen. Am besten zu überprüfen sind Behauptungen, wenn man selbst über diese Dinge nachdenkt.

Der Mensch ist mit Neugier geboren, er probiert von Beginn an aus. Wir also sind neugierig - zumindest gewesen. Wir haben ausprobiert, wie man malt, singt, geht, rechnet, schreibt, liest und vieles andere mehr.

Der Mensch ist ein Gewohnheitswesen. Um sich das Leben zu erleichtern oder weil wir vielleicht einfach so sind, überlegen wir nicht jedes Mal neu, wie das noch ging. Wir gehen einfach, ohne zu überlegen, setzen jetzt das eine Bein vor das andere. Und weiter: Wenn wir lesen gelernt haben, haben wir uns das Buchstabieren im Allgemeinen abgewöhnt.

Wir bilden Denk- und Handlungsgewohnheiten aus. Alles, das ganze Leben, wird immer mehr zur Gewohnheit, bis auf das, was wir jeweils neu ausprobieren. Zu diesen Denk- und Handlungsgewohnheiten gehören auch Empfindungsgewohnheiten und Gewohnheiten, bestimmte innere Bilder zu sehen.

Der ganze Prozess der Gewohnheitsbildung läuft im Wesentlichen unbewusst ab. Wir kommen mit unterschiedlichen Persönlichkeitsstrukturen zur Welt. Der eine ist – um ein Beispiel zu nennen - von Haus aus aktiv und stark, effizient und initiativ, der andere zurückhaltend, sensibel, melancholisch.

Jeder kommt mit bestimmten Talenten und Fähigkeiten zur Welt, dem einen macht dieses mehr Freude, dem anderen anderes.

All dieses zusammen formt und bildet unser Sein, unsere Existenz. Solange alles zur Zufriedenheit verläuft, werden sich die Wenigsten Gedanken über diese Prozesse machen, sind Theorien dazu fast überflüssig.

Allerdings läuft selten alles zur vollkommenen Zufriedenheit, oder die Neugier ist groß, man möchte Dinge kennen lernen, die im Durchschnittsleben nicht vorkommen. Also geht man auf die Suche nach Lösungen.

Der gesunde Mensch will nicht leiden - weder seelisch, noch körperlich, noch geistig. Indes: Fast jede/r kommt irgend-wie ins Leid. Dann werden solche Theorien interessant, die plausibel sind und so daherkommen, dass man daraus schließen kann, dass sie die persönlichen Wünsche besser erfüllen als die Theorien, die man zuvor kannte..

Jeder Mensch bildet sich eine Theorie über das Leben, also über Fragen wie: Gibt es Gott? Wie wird die Zukunft? Wer bin ich? Was ist Glück? Welchen Sinn hat das Leben? Wie kann ich zufrieden werden? Habe ich eine Verantwortung? Wie bekomme ich mehr Geld?

Meine Theorie ist, dass wir optimales Glück erreichen können, wenn wir es wollen. Ich glaube, dass wir uns entscheiden können zu denken, was wir wollen und so nach und nach Einfluss auf unsere Empfindungen nehmen können, so dass wir uns immer wohler fühlen.

Diesen Weg beschreibt die Kardio-kognitive Transformation. Er ist erprobt, viele Patienten haben davon profitiert und konnten auf Medikamente verzichten, konnten sehen, dass die Krankheitsbilder, die ihnen zugeschrieben wurden - wie Depressionen oder Ängste - in Wirklichkeit Herausforderungen waren, die ihr Leben erheblich bereichert, ja sie erst dahin geführt haben, wirklich glücklich zu werden.

Macht kann nicht verhindert werden, aber wir können sie uns bewusst machen, um den Machtkampf zu beenden.

Friedrich Nietzsche[I] sagte sinngemäß „Überall wo ich auf Leben traf, traf ich auf den Willen zur Macht!" Leben will leben, und wenn es ihm streitig gemacht wird, wird es alles tun, um zu überleben. Was steckt dahinter?

Der Mensch, denkend und empfindend in die Welt geworfen, ist ein Freier, ein Entscheidender, ein Mächtiger. Wir können den Baum fällen. Die Idee der Feindesliebe ist genial und revolutionär - den inneren und den äußeren Feind zu lieben.

Der Wille zur Macht steht dieser Idee entgegen. Machtkämpfe kosten Energie, strengen an. Hier Zärtlichkeit, dort Grobheit, hier Sanftmut, dort Brutalität, hier Hilfe, dort Egoismus, hier Freundlichkeit, dort Hass, hier Verständnis und Vertrauen, dort Misstrauen und Sprachlosigkeit, hier Klugheit und Weitsicht, dort Ignoranz und Unwissen, hier Menschlichkeit, dort Kälte, hier Liebe dort Zorn und Hass.

Es reicht allerdings nicht aus, sich zu entscheiden - vielmehr gilt: Liebe ist das „Arbeitsergebnis" des Lebens.

Ohne Machtkampf keine Liebe. Alles Denken ist auch ein Machtkampf: gute Gedanken gegen schlechte Gedanken, gute Entscheidungen gegen schlechte Entscheidungen. Nur wer unangenehme Gefühle und Empfindungen wahrnimmt, kennt, aushält, ausgehalten hat, kann beginnen sie zu verwandeln. Das ist der Kern der KKT.

Aus Bewusstsein wird Liebe. Was ist Bewusstsein? Beginnen wir mit der sogenannten „freischwebenden Aufmerksamkeit": Diesen Begriff prägte Sigmund Freud[II] als Arbeitshaltung für

---

I   Nietzsche, Friedrich, 1844 bis 1900, klassischer Philologe, Philosoph.

II   Freud, Sigmund, 1856 bis 1939, Begründer der Psychoanalyse, Neurologe, Kulturtheoretiker, Religionskritiker.

den Psychoanalytiker. Er sollte auf alles achten, was mit dem Patienten verbunden ist: was er sagt, tut, wie er sich verhält. Dieser Begriff passt gut für die rechte innere Einstellung.

Wir gehen durchs Leben mit einer Haltung der freischwebenden – oder, wie Freud auch sagte, gleichschwebenden Aufmerksamkeit. Wir achten auf möglichst Vieles - vor allem auch darauf, wie wir uns innerlich fühlen, was wir innerlich, im Körper wo und wie spüren. Durch Übung erhöhen wir unseren Spürsinn, unser Körperbewusstsein.

Einen Großteil unseres Lebens macht die Frage aus, ob wir uns wohlfühlen oder nicht. Genau um diese Frage geht es: Wenn wir uns nicht wohlfühlen, was fühlen wir dann? Wo fühlen wir es, wie intensiv? Wie fühlt es sich genau an: Wie macht sich das Unwohlsein körperlich bemerkbar?

Welche Empfindungen haben wir dabei? Durch die bewusste Aufmerksamkeit werden wir uns unserer selbst als „körperliches Empfindungswesen" bewusster. Wie entstehen Empfindungen, wie vergehen sie wieder, wie äußern sie sich körperlich, welches ist ihr Höhepunkt, ihr Tiefpunkt. So lernen wir unsere Wut, unseren Ärger, unsere Gefühle allgemein noch einmal neu und bewusst kennen.

Mit dem Kennenlernen beginnt bereits der Verwandlungsprozess dieser Gefühle, dieser Empfindungen. Wenn wir Liebende werden wollen, dann beginnen wir damit, dass wir alle Empfindungen, die wir haben - auch die unangenehmen - so akzeptieren, wie sie sind. Wir fragen im Einzelnen nicht, woher sie kommen, wohin sie gehen, wir nehmen sie so an wie sie sind.

Wir verwandeln unser Bewusstsein in Liebe. Hierzu gehört auch gedankliche, kognitive Arbeit. Die KKT ist denkbar einfach und wirkungsvoll, wenn sie gewollt und geübt wird.

Auch der Schmerz wird liebevoll angenommen. Wir fokussieren den Schmerz. Wir gehen durch den Schmerz hindurch. Wir lernen ihn zu akzeptieren, ihn zu lieben. So entsteht ein neues Bewusstsein.

Wir gehen durch den Schmerz hindurch

Techniken der Transformation

Im Folgenden werden „kardiale" und "kognitive" Techniken der Transformation unterschieden. Kardial bezieht sich dabei auf den gesamten Bereich der Empfindungen und Gefühle, während sich kognitive Techniken auf den gesamten Bereich des Denkens, Fantasierens, Vorstellens, Träumens, Erinnerns, Wollens, Entscheidens usw. beziehen.

Das Ziel ist allerdings wieder eine bewusste Verbindung herzustellen zwischen kognitiven Prozessen und Prozessen des Empfindens, Fühlens. Vor der Sprachentwicklung, vor der Entwicklung der Philosophie, der intensiven Technisierung und Objektivierung der Wissenschaft war die Menschheit in der Einheit des Seins, des Denkens und Fühlens, hatte so etwas wie Instinktsicherheit.

Nietzsche machte Sokrates[1] für den Sturz aus dem Paradies der Instinktsicherheit verantwortlich. Nach Nietzsche gab es vor der Zähmung des Menschen durch religiöse Systeme eine Kraft im Menschen, die genau durch die „Zähmung" geschmälert wurde. So vergleicht Nietzsche den stolzen, kraftstrotzenden Germanen mit dem verweichlichten deutsch/christlichen Mönch, der sich selbst demütigt, das Büßergewand des Sünders anzieht, anstatt seinem Instinkt, seiner Instinktsicherheit zu vertrauen.

Mit der KKT gehen wir den Weg zurück, allerdings eben nicht auf die Stufe von Kampf oder Flucht, Gewalt, Macht, sondern auf dem Weg der Feindesliebe, der Einheit von Mensch und Mensch und Mensch und Natur. Wir werden Liebende und werden damit zu bewussten Freien, mächtig und stark.

---

[1]   Sokrates, 469 bis 399 v. Chr. Philosoph

Was in Jahrtausenden gewachsen ist, läßt sich nicht in Monaten oder Jahren transformieren. Allerdings kann mit der richtigen „Technik" und Hilfestellung in wenigen Monaten viel erreicht werden, für diejenigen, die verstehen und üben.

Ich trenne die beiden Techniken, weil es verschiedene Schwerpunkte sind, mit denen ich an die Transformation heran gehe. So gibt es den Bereich des Denkens und Entscheidens, der uns wesentlich leichter zugänglich ist und in dem wir wesentlich leichter üben können als in dem Bereich des Fühlens und Empfindens.

Erst müssen Entscheidungen fallen, bevor sich Empfindungen verwandeln können. Ich beginne daher mit den kognitiven Übungen und Überlegungen, da sie der Vernunft zugänglich sind und unmittelbar einleuchten werden. Die Empfindungen verändern sich teilweise unmittelbar mit, teilweise durch spezielle Techniken, die ich danach beschreiben werde.

Kognitive Techniken

Zu verstehen ist als erstes, dass nur die Entscheidungen etwas bewirken, die nicht nur zu einer Absicht führen etwas zu tun, sondern auch von einer Handlung gefolgt werden, die der Absicht entspricht. Die erste Entscheidung, die also getroffen werden kann, ist, dass du die Übung, die erforderlich ist, auch erproben wirst und damit bewusst ins Handeln gehst.

Hier möchte ich auf den Dreh- und Angelpunkt der ganzen Sache, der ganzen Angelegenheit, auf den wichtigsten Punkt, das Notwendigste hinweisen: Ohne Entscheidung geht wirklich gar nichts.

Und es beginnt wirklich jetzt. Wie lese ich? Will ich lesen? Will ich mich etwas Neuem öffnen? Will ich überhaupt Neues entdecken? Glaube ich, dass ich schon alles weiß? Glaube ich, dass mir sowieso nichts mehr helfen kann? Glaube ich an Wunder? Glaube ich, dass ein Text mich elektrisieren kann?

Bin ich aufnahmebereit? Unser Gehirn funktioniert nach Erkenntnissen der Hirnforschung nach dem Prinzip: „Was der Bauer nicht kennt, das frisst er nicht!". Das bedeutet, dass, wenn das Neue zu weit weg ist von dem was ich bisher weiß, ich es nicht aufnehmen kann, weil das Gehirn es gar nicht wahrnimmt, gar nicht hinein lässt in die graue Substanz. Also sind wir verloren? Oder?

Nicht ganz. Weshalb? Wir können die Poren unseres Durchlasses im Gehirn nämlich durch Entscheidungen erweitern. Das ist zwar - soweit ich weiß - noch nicht erforscht, aber ich bin davon überzeugt.

Und es gibt wirklich nur eine einzige, singuläre Methode, dies heraus zu finden: ausprobieren, entscheiden und ausprobieren.

Ob es sich lohnt? Wie soll man vor der ersten Dattel wissen, ob sie schmeckt? Oder vor dem ersten Kuss wissen, ob er angenehm ist?

Die leise Stimme

Suche in dir die leise Stimme und folge ihr!

Was ist das, die innere Stimme. Normalerweise denken die meisten Zeitgenossen/innen recht viel, wenn der Tag lang ist. Dabei gibt es planerisches Denken, bezogen auf das Leben, das man führt: Also wann duscht man, putzt sich die Zähne, putzt die Wohnung, was kocht man, wo und wann geht man einkaufen, wie ist es mit der Arbeit, etc. Ein Großteil dieses Denkens und Entscheidens ist allerdings automatisiert, z.B. das übliche Zähneputzen, die übliche Tasse Kaffee am Morgen.

Daneben gibt es viele Gedanken, z.B. wie man politisch mal das und das machen müsste; oder: Über die oder den habe ich mich wieder geärgert, wie doof ist die denn, was hat der neulich zu mir gesagt.

Bei vielen rattert der Kopf, oder, wie man so schön sagt, die Gedanken kreisen wie der Hamster im Hamsterrad. Das hat alles wenig mit der inneren Stimme zu tun. Man könnte sogar so weit gehen zu sagen: Wer nur so wie oben beschrieben denkt, der denkt im Grunde nicht selbst, der lebt in Gewohnheiten, ohne wirkliches selbstbestimmtes, selbstbewusstes eigenes Denken gelernt zu haben - ist ja nicht weiter schlimm, geht vielen so.

Die innere Stimme ist nun etwas, das vielen bekannt ist, die - leise, aber immer wieder, manchmal das ganze Leben lang vergeblich - tiefere Wahrheiten spricht, denkt. Sollte ich nicht mal diesen oder jenen anrufen oder besuchen, ist mein größtes Talent nicht dieses oder jenes, sollte ich nicht die Arbeitsstelle wechseln.

Die innere Stimme hörst du aber nur, wenn du ihr Gehör schenkst, wenn du ihr Zeit gibst, wenn du in die Stille gehst.

Denn sie ist leise und empfindsam wie eine Rose. Allerdings weiß die innere Stimme oft Dinge, die im Alltagstrubel untergehen. Es sind Gedanken, es können auch Bilder sein, Bilder oder Gedanken von einem anderen Leben, vom Traumleben, vom Glück.

Oft werden solche Gedanken schnell verworfen - ist ja doch unrealistisch, ist doch blöde Träumerei, so könnte man diese innere Stimme bewerten. Aber vielleicht sagt sie einem das Kostbarste, war wir haben, das Zärtlichste, das Beste, das Liebevolle, das Sanftmütige, das Schwache in uns.

Ohne diese innere Stimme wirst du wenig Erfolg haben - ja, ich würde sogar so weit gehen und behaupten: Ohne die innere Stimme wirst du keinerlei Fortschritte auf dem Weg der Transformation zum großen Leben machen. Weshalb?

In uns allen wohnt ein mehr oder weniger kleines, eingeschüchtertes, allein gelassenes, einsames, trauriges, entmutigtes, hilfloses inneres Kind. Das ist all das, was von unserem starken, liebevollen, kreativen, lebendigen, kraftvollen, freudigen, übermütigen, in die Luft springenden, begeistertem Kind übrig geblieben ist.

Die innere Stimme ist wie der Frosch im Froschkönig - sie erinnert uns immer wieder an unser Versprechen, dass wir mit am Tisch sitzen wollten, mit vom Tellerchen essen wollten und mit ins Bettchen wollten, dass das Lebendige in uns, dass unsere „Ganzheit" die goldene Kugel nicht für immer verloren sein darf.

Wir, wir lebendigen, übermütigen, rebellischen, wissenden Kinder wollen unsere Freude und Liebe ins Leben einbringen, wir wollen wieder, immer wieder gehört werden, auch wenn wir noch so verborgen sind, noch so leise geworden sind.

Unsere innere Stimme kann uns den Weg weisen, heraus aus

dem Verließ, heraus aus dem Käfig des schwarzen Panthers - wie Rilke[I] ihn so eindrücklich in einem Gedicht beschrieben hat. Was sagt uns unsere innere Stimme? Die Handlung ist, dass wir es aufschreiben, dass wir die ersten Handlungsanweisungen der inneren Stimme erfüllen, was auch immer es sei.

Es sind alles Empfehlungen, die ich hier gebe - allerdings erprobte Empfehlungen. Wer die Empfehlungen nicht befolgt, wird vermutlich keinerlei Gewinne aus dem Gesagten ziehen können. Die Heilslehrer, die Propheten gaben auch „nur" Empfehlungen, z.B. „Du kannst es schaffen nicht zu töten, oder nicht zu lügen... .

Die machtbesessenen Nachfolger der Heilslehrer drohten mit der Hölle, oder dem Verderben, wenn man sich nicht an die Empfehlungen hält. Das war und ist natürlich nicht im Sinne der Propheten, die selbst die Liebe sind. Die Liebe droht nicht, sie ist der Wahrheit verpflichtet. Und die Wahrheit ist: Wer sich an die Empfehlungen hält, der wird glücklich, der andere eben nicht.

Was geschieht, wenn du der inneren Stimme lauschst und ihr folgst? Sie wird dich üblicherweise auf Dinge hinweisen, die dir gut tun würden, z.B. mehr oder weniger arbeiten, einem bestimmten Hobby nachgehen, Urlaub machen, dir etwas Schönes gönnen, jemanden ansprechen, den du gerne magst, eine ungute Beziehung beenden, dich bei jemandem entschuldigen - was man nicht oft genug tun kann -, für etwas dankbar sein, jemandem etwas schenken - z.B. Aufmerksamkeit.

Du wirst die Erfahrung machen: Wenn du den Anweisungen der inneren Stimme traust, wenn du sie besser kennen lernst, wenn du sie einbeziehst in deine nächsten Entscheidungen, wirst du dich wohler fühlen. Jede Absicht die zur Tat wird ist etwas, das dein Selbstbewusstsein stärkt, das dich ermutigt, so

---

I   Rilke, Rainer Maria, 1875 bis 1926, Dichter

weiter zu machen, das dein Selbstvertrauen stärkt.

Innere Stimme, über manches schlafe eine Nacht, dann entscheide, komm zu einer Absicht und dann setze sie um. Ein weiteres Kriterium der inneren Stimme, ein weiterer Aspekt ist die Frage: „Wie fühlt sich das an?" Wenn die innere Stimme etwas vorschlägt, kann man zusätzlich fragen, wie sich dieser Vorschlag anfühlt, oder wie ich mich fühlen werde, wenn ich das Ergebnis schon erleben würde.

Als Beispiel: Innere Stimme: „Du könntest Walter mal wieder besuchen!". Du versetzt dich dann gedanklich in die Situation, wie du dich mit Walter triffst und malst dir das alles aus. Du lauschst in dich, ob du etwas spürst, und du fragst dich, wie sich das anfühlt, was du spürst. Ein Wohlgefühl könnte ein Argument mehr sein, Walter mal zu besuchen.

Die leise innere Stimme ist der Garant der Kardio-kognitiven Transformation. Wenn du dir in Zukunft Zeit nimmst und diese innere Stimme immer wieder befragst, kommst du auf den Weg der Zufriedenheit.

Allerdings genügt es bei Weitem nicht, nur der inneren Stimme zu lauschen. Hinzu muss die Absicht kommen, alles, was du als gut und richtig erkennst, auch in die Tat umzusetzen und nicht aus Angst oder Bequemlichkeit zu vermeiden.

Nicht Denken!

Den Kopf frei bekommen ist leichter als du denkst.

Für viele ist das bereits Meditation. Und in der Tat kann man „Nichtdenken" in der Meditation besonders gut üben. Aber man kann es auch so üben, immer, jetzt. Mein hilfreicher Satz, mein Gedanke, um es zu üben, war vor allem: „Denk nicht, horch in dich hinein!" Das kannst du jetzt im Augenblick unmittelbar probieren: „Lies mal kurz nicht, denk nicht, horch in dich hinein!"

Du kannst dabei auf dein Herz hören, in deinen Bauch, auf deinen Atem achten, das ist ganz egal. Es geht ja nicht um Konzentration auf etwas, sondern um das Stillwerden des Geistes, des Denkens. Wenn du es erlebt hast, hast du gewonnen. Du weißt dann: Es geht, ohne zu denken. Wie lange das dann geht, wie oft du dieses übst, ist deine Sache.

Zunächst ist es nur wichtig, dass du einmal die Erfahrung gemacht hast "Es geht!". Du bist stark, du bist stärker als der Hamster im Hamsterrad, stärker als das Hamsterrad, mitsamt dem Käfig. Du kannst deinen Geist anhalten, wenn du es willst. Das ist es, was zählt. Es bedeutet z.B.: Wenn dir negative Gedanken kommen, musst du sie nicht weiter denken, denn du bist Chef/in im Haus deiner Gedanken.

Du stoppst die Gedanken, die du nicht willst, und fragst dich - deine leise, innere Stimme -, was du denken willst, was du tun möchtest. Du horchst immer wieder in dich hinein und beobachtest deine Empfindung, du denkst aber nicht darüber nach.

Das wird vermutlich zu Beginn oft nur kurze Zeit funktionieren. Das ist vollkommen egal. Wichtig ist nur die Erfahrung, dass es überhaupt geht. Es wird immer dann besonders schwierig, wenn aus dem Unterbewusstsein besonders Unangenehmes oder Schwerwiegendes hochkommt, fühlbar wird. Dann wird es mit der Steuerung des Denkens schwierig.

Dann wird es wichtig, Unbewusstes kennen zu lernen und bewusst werden zu lassen, oft Altes aus der eigenen Biographie aufzuarbeiten.

Aber auch in diese Richtung ist mit den ersten beiden Übungen bereits ein Schritt in die richtige Richtung getan. Übrigens findest du mehr als 1000 hilfreiche Gedanken auf meiner website: www.existenzanalyse-luenburg.de oder im demnächst erscheinenden Buch: „Feindesliebe endlich leben".

Manchmal ist es auch angesagt, eine Therapie zu machen.

Zwischenbemerkung zum Verhältnis Gefühl (Emotion) zur Empfindung (Körperempfindung): Wenn ich einen dieser vier Begriffe benutze, dann meine ich immer genau dasselbe. In der Umgangssprache und auch in der Fachsprache werden diese Begriffe sehr unterschiedlich benutzt.

So vermutet jeder, er/sie wisse was der Gesprächspartner, Autor, Psychiater meint, wenn er/sie von Wut spricht. Es ist allerdings so, wie wenn man den Geschmack einer Kirsche, einer Himbeere oder einer Erbse beschreiben soll: Es ist nicht möglich - jeder erlebt den Geschmack subjektiv und individuell. Es geht soweit, dass dem einen Himbeeren gar nicht schmecken, dem anderen geradezu himmlisch.

Nicht anders ist es mit den sogenannten Gefühlen oder Emotionen: Wut spürt der eine als Wärme, Hitze, Kraft wohlig im Bauch, der andere als Härte, Enge, Zittern der Muskeln, äußerst unangenehm. Dazu kommt, dass bestimmte Empfindungen eine individuelle, soziokulturelle Tönung haben. Ein afghanischer Taliban, ein Wallstreet- Geschäftsmann, eine

Hausfrau aus Hamburg denken über ihre Empfindungen sehr unterschiedlich nach und empfinden in bestimmten Situationen sicherlich auch vollkommen anders.

Für mich sind deshalb die subjektiven Körperwahrnehmungen jedes/r einzelnen die entscheidende Qualität einer Empfindung, eines Gefühls, einer Emotion. Wenn ich über Gefühle nachdenke, und wenn ich von Transformation der Gefühle spreche, dann meine ich genau diese subjektiven Körperempfindungen des/r einzelnen.

Die Unterschiede in der Wahrnehmung und Benennung von Körperempfindungen in Abhängigkeit von sozio-kulturellen und individuellen Gegebenheiten ist ein wichtiges Forschungsfeld, das bisher wenig Beachtung fand.

Den Kopf frei zu bekommen ist leichter als Du denkst.

Freies, bewusstes Denken

Über die Fähigkeit, selbst zu denken.

Welche Absicht verfolge ich mit meinem Denken? Frag einmal deine innere, leise Stimme. Wenn ich glücklich werden will, dann ist es sinnvoll, über das Glück und was es eigentlich bedeutet nachzudenken. Darüber nachzudenken, wäre dann eine Absicht. Und so wie wir Menschen sind, benötigen wir dafür Zeit.

Wann willst du dir dafür Zeit nehmen? Vielleicht wäre es auch hilfreich, die Lektüre an dieser Stelle einmal zu unterbrechen und selbst zu überlegen, was denn für das Glück noch alles hilfreich sein könnte und was dich in diesem Zusammenhang noch interessieren könnte?

Zu Beginn jedes Wachsens gehört die Information. Der Körper hat die Information in den Genen. Vermutlich sind auch bestimmte Gehirnpotentiale genetisch geprägt. Sicherlich ist das Bewusstsein und die Möglichkeit, die jedem/r gegeben ist, nicht genetisch festgelegt, sondern bedürfen weiterer Informationen, die man sammeln kann.

Reichen dir die bisherigen Informationen für langes, gesundes, glückliches Leben? Wenn ja, dann verschwende keine Zeit mehr mit Lektüre, sondern lebe und liebe, denn darauf kommt es an: auf das Tun.

Sich bewusster werden, selbstbewusst werden heißt, sich seines Denkens und Verhaltens, Handelns, seines Empfindens, seiner „Muster", seiner Automatismen, seiner Stärken und Schwächen, seiner Talente und Begabungen bewusst zu werden - ja, seiner Gewohnheiten bewusst werden.

Nur das, was ich denken kann, was mir bewusst ist, kann ich beeinflussen; nur dort wo Bewusstheit ist, kann Freiheit, freies Denken und Handeln aufkeimen. Das Enneagramm oder andere Persönlichkeitsstrukturmodelle, die Astrologie können hier wertvolle Dienste leisten. Auf das Enneagramm gehe ich später noch ein.

Ich habe die innere Stimme vorgestellt, die Möglichkeit, nicht zu denken. Der Einstieg in das Wachstum, in die Motivation etwas für die eigene Entwicklung zu tun, ist eine Entscheidung. Es ist die Entscheidung lebendig werden zu wollen, aufwachen zu wollen, wirklich glücklich werden zu wollen, Begeisterung zu erleben, zu leben, in die Lebensbegeisterung hineinzuwachsen.

Eine Grundentscheidung für einen freien Menschen ist: Will ich als Person, als Persönlichkeit wachsen und meine Talente, Begabungen, meine persönlichen Ziele verwirklichen, glücklich und zufrieden werden, oder nicht?

Jede/r Einzelne hat die Freiheit zu entscheiden: Was will ich mit meinem Leben tun? Will ich einen Sinn suchen oder nicht? Will ich nachdenken oder nicht? Will ich überhaupt selbst denken, oder will ich mitschwimmen mit der Masse? Es gibt keinen Sinn im Leben, wenn du ihm keinen gibst.

Das eine ist eine Entscheidung für das Leben. Es kann nach solch einer Entscheidung zu einem biophilen Leben kommen, einem Leben der Freude, Wachheit, Aufmerksamkeit, Neugier, Entwicklung, Abwechslung, Entdeckungen, Schönheit, Erfüllung, Reife, Glück.

Das andere könnte eine Entscheidung für den seelischen, geistigen Tod sein. Es kann kommen zu: Langeweile, Warten, zu Zeittotschlagen, zu oberflächlicher Liebe, zu Sexismus, Angeberei, Neid, Gier, Missgunst, Sucht.

Eigentlich hätte das schon in der Einleitung stehen können. Entscheidung=Wollen=Absicht. Willst du leben? „Ja ich will!" ist eine Entscheidung, ein Wollen, eine Absicht. Dadurch ist noch nichts geschehen, aber jetzt ist alles möglich. Wer Leben will, wird leben.

Beobachte einmal ein Kind an einer Kletterstange auf dem Kinderspielplatz: Es klettert hoch - Anstrengung. Es ist oben, Befriedigung - Begeisterung. Es rutscht von selbst runter, geht leicht. Unten anzukommen bedeutet oft keine Befriedigung, keine Begeisterung über das Rutschen - es ist vorbei. Nur hoch schafft neue Anstrengung und neue Befriedigung - so ist das Leben: rauf und runter.

Wieviel Anstrengung jemand mag, ob jemand auch beim Rutschen Befriedigung erleben kann, erklärt das Enneagramm ganz gut. Es beschreibt neun (ennea= griechisch=neun) verschiedene Wesenszüge, die wir Menschen vorrangig mitbringen. Sie sollen nicht vererbt sein und nicht veränderbar.

Wer Leben will, wird leben.

Das Enneagramm

Wissen ist Macht. Über sich selbst und über andere viel zu wissen ist Macht. Das Enneagramm hilft uns, andere besser zu verstehen, uns selbst besser zu verstehen und unsere Angst vor anderen Menschen zu verlieren. Wir verstehen den grundsätzlichen Charakter des anderen und müssen nicht mehr denken: Der meint uns mit seinen Attacken.

Über das Enneagramm gibt es inzwischen so viel Literatur, dass ich jetzt nur anregen möchte, sich mit diesem Thema zu beschäftigen. Besonders empfehlenswert ist das Büchlein von Tödter[I] „Erfolgsfaktor Menschenkenntnis", das Buch: „Vom Typ zum Original" von Uwe Böschemeyer, oder „Das Enneagramm" von Andreas Ebert[II] und Richard Rohr[III]. Es gibt auch Tests dazu im Internet.

Meist sind die Temperamente aus dem alten Griechenland von Galen[IV] bekannt: der Choleriker, Sanguiniker, Melancholiker und Phlegmatiker. Beim Enneagramm ist es einfach wesentlich differenzierter, was die jeweilige Persönlichkeitsstruktur betrifft.

So werden die 9 Typen benannt mit 1 Reformer, 2 Helfer, 3 Erfolgsmensch, 4 Ästhet, 5 Beobachter, 6 Loyaler, 7 Glücksucher, 8 Starker und 9 Friedliebender. Es werden die jeweiligen Stärken und Schwächen des Typus beschrieben.

So ist es möglich, sich selbst und seine Nächsten besser kennen zu lernen und die eigenen Schwächen und Stärken zu bearbeiten bzw. zu nutzen.

I   Tödter, Ulf, Coach und Berater
II   Ebert, Andreas, 1952, Theologe, Autor, Liedtexter.
III Rohr, Richard, 1943, Franziskaner, Prediger, Autor
IV   Galen, etwa 129 bis 199, Arzt

Machtkämpfe

Die Bedeutung von Machtkämpfen wurde bereits erwähnt. Hier sei noch einmal explizit darauf eingegangen: Solange unbewusster Machtkampf tobt, entsteht Angst und Wut - die Angst vor der Niederlage und die Wut auf den Gegner.

Bei unbewusstem Machtkampf kann jedenfalls keine Liebe entstehen. Wie findet nun dieser unbewusste Machtkampf zwischen Menschen statt? Das stärkste Mittel im Machtkampf sind die Augen. Der Volksmund weiß darum, er spricht vom „Spiegel der Seele", die Augen seien der Spiegel der Seele.

So ist es. Man muss nur wissen, was damit gemeint ist. Alle Menschen haben eine fixierende Pupille. Wenn zwei Menschen sich mit der fixierenden Pupille in die Augen schauen, dann bemerken sie sofort, intuitiv, ob der/die andere ängstlich ist oder nicht.

In der Pubertät gibt es diese „Augenkämpfe": Wer kann dem anderen länger in die Augen schauen, bis der oder die wegguckt. Damit wird spielerisch ausprobiert, was später schon hohe Bedeutung hat. Wer um diese Dinge weiß, kann sie einsetzen, anwenden.

Wenn jemand nicht ängstlich ist, kann man dieser Person lange in die Pupillen schauen und es wird immer Nähe entstehen, eine schöne warme Empfindung. Manche verwechseln diese Empfindung sogar mit verliebt sein, weil es sich so gut, so warm, so tief, so individuell, so einzigartig anfühlt, wie man es vorher vielleicht noch nie erlebt hatte.

Das in wenigen Augenblicken in die Augen blicken kann eine der schönsten Empfindungen auslösen und/oder zu einem beschämenden, aufgebenden, oder bewussten, nachgebenden Ereignis werden. Es geht um Bewusstheit. Man kann das „In-die-Pupille-Gucken" auch prima mit Partner oder Partnerin ausprobieren, dabei gute Empfindungen erleben und die fixierende Pupille kennen lernen.

Neben den Augen ist es vor allem der Klang der Stimme, mit dem Macht ausgeübt wird. Nicht umsonst kann im Tobsuchtsanfall Papa so schreien und Mama so kreischen. Das ist sehr ursprünglich, archaisch, da muss man nicht viel wissen, um dieses „Machtmittel" zu erkennen.

Tatsächlich haben sich indes viele Menschen eine leise Stimme angewöhnt. Sie können oft auch laut werden. Wer sich seiner Macht bewusst ist, kann darauf verzichten. Wer unbewusst Macht anwendet, benötigt sie, um seine Ängste unter Kontrolle zu halten und sich einigermaßen wohl zu fühlen.

Macht wird ausgeübt durch Weinen, durch das Ausnützen anderer Menschen, durch Gemeinheiten, durch Mimik, Gestik, durch Körperhaltungen der Größe, der Kleinheit, durch Mode, durch Sex und Sexentzug, durch Unfreundlichkeit, durch Spannungsaufbau, durch verbale Angriffe, durch Überlegenheits- und Unterlegenheitsgehabe, durch Waffen, Flugzeugträger und Atomraketen, durch Geld, Einfluss und Freunde, durch Erfahrungen, durch Wissen, durch Naivität, durch falsches Unschuldigkeitsgetue, durch Dogmatismus, durch Drohungen, was nach dem Tode alles geschehen kann, durch Ausschluss aus der Gemeinschaft, durch Weggehen, Verlassen, durch Züchtigung, durch sexuelle Übergriffe, durch Anzüglichkeiten, durch Lohnunterschiede, durch Loyalitätsforderungen.

Entscheidend ist, wie bewusst du dir deiner eigenen Machtmechanismen wirst und inwieweit du sie zugunsten liebevollen Verhaltens reduzieren kannst? Es ist dir sicherlich bewusst, dass du keine Atomraketen einsetzen kannst. Aber ob du das Weinen einsetzt, um etwas zu erreichen und den anderen zu manipulieren, oder ob du dein Kind bestrafend und bewertend anschaust, das ist dir vielleicht nicht bewusst.

Wenn du deinen Sohn schlägst, weisst du schon, dass du deine körperliche Überlegenheit (Flugzeugträger) einsetzt, um zu unterdrücken. Wenn du wenig Interesse an deinem Kind zeigst, selten mit ihm spielst, zeigst du eine andere Art von Unterdrückung, der Nichtförderung, des Desinteresses. Es ist schwer zu sagen, welches Verhalten für die Entwicklung der Liebesfähigkeit des Kindes schlimmer ist.

Sehr hilfreich ist in diesem Zusamenhang Sammy Molcho[1], vor allem mit seinem reich bebilderten Fotoband über die Körpersprache, auch die Körpersprache von Kindern.

Machtkampf ist der Hauptgegenspieler der Liebe. Wer im Machtkampf stecken bleibt, wird kein Liebender werden können. Machtkampf hat immer mit Unterdrückung zu tun.

Ja, es gibt „böse Triebe", wie z.B. den Vernichtungstrieb eines anderen, den ungezügelten Sexualtrieb, die Rechthaberei, den Missionierungstrieb, den Unterdrückungstrieb. Auf der Triebebene, Fantasieebene, Bilderebene, in der Kognition und in der Vorwegnahme des Lustgewinns als aufkeimende Körperempfindung, die sich jemand von der Trieberfüllung verspricht, ist der Trieb zu akzeptieren, liebevoll anzunehmen.

Die Handlung auf der Triebebene ist Tabu, ist verboten und zu unterlassen. Großteils ist das gesetzlich unter Strafe gestellt. Teilweise ist es Kanon der religiösen Vorschriften der großen Weltreligionen. Das Entscheidende ist der freiwillige, der starke, der willentliche Verzicht auf die Triebbefriedigung auf der Handlungsebene zugunsten der eigenen liebevollen Entwicklung in der Gemeinschaft der Menschheitsfamilie.

---

1   Molcho, Samy, 1936, Pantomime, Regisseur

Kardiale Techniken

Im Beginn ist die Idee. Also habe ich zunächst Ideen beschrieben. Ohne eine Veränderung des Grundgefühls, der *Körperbasisempfindung* (8) lässt sich allerdings zu wenig Einfluss nehmen auf den gedanklichen Ablauf. Wenn die Empfindungen zu stark sind, dann werden die Gedanken nicht richtig frei. Man wird bestimmte Gedanken dann nicht richtig los, der Kopf wird nicht frei, man steht wie unter Zwang, über etwas Bestimmtes immer wieder nachzudenken.

Der Süchtige wird rückfällig, andere arbeiten mehr, wieder andere lenken sich anderweitig von dem ab, was bedrängend aufsteigt, oft auch unbewusst. An dieses Unbewusste muss man aber unbedingt heran kommen, um in ein freieres, ein eigenes Denken zu kommen, um den Ursprung der schlechten Empfindungen und der unnötigen, der „feindlichen" Gedanken aufzuspüren und aufzulösen.

Kardiale Transformation - mit anderen Worten: die Verwandlung der Körperempfindungen hin zu dauerndem Wohlgefühl - ist nur möglich, wenn auch eine kognitive Verwandlung des Denkens stattgefunden hat bzw. stattfindet.

Es ist im Grunde ein permanenter, dialektischer Prozess des Wandels und Verwandelns, der dauerhaft stattfindet und zu einer permanenten Verbesserung des freien, eigenen, selbständigen, glücklichen Denkens führt, zu einer dauerhaften, zunehmenden, kraftvollen, energiegeladenen guten Empfindung in Bauch und Brust, Becken und Kopf, sowie im ganzen Körper.

Die Folge ist, dass man im Wesentlichen positiv, optimistisch denkt und handelt und dass man sich dabei zunehmend wohler fühlt, frei von den Gefühlen, die in Richtung Wut,

Zorn, Hass, Angst, Trauer, Verzweiflung, Sorge, Not gehen.
Eine der ersten Übungen ist die verbesserte Wahrnehmung des
Körpers, der von uns so genannte „Bodycheck".

Das „Kardiale" an der Transformation

Es wurde bereits erwähnt: Mit „kardial" beziehe ich mich auf das Herz; mit dem Herzen meine ich auch das Organ „Herz", aber zugleich das, was metaphysisch mit Herz gemeint ist. Beim Beobachten des Herzens kann man vieles spüren, was relevant ist für das Spüren überhaupt. Man könnte auch sagen: „Das Herz ist das soziale Organ".

Im Herzen wird oft spürbar, wie wir zu anderen stehen. Wenn das Herz – hier das Organ - warm wird, ist es ein völlig anderes Gefühl, als wenn es sich hart und kalt zusammenzieht. Wenn ich vom Bodycheck spreche, dann meine ich, dass das Bewusstsein, die bewusste Wahrnehmung, die Achtsamkeit für das Spürbare im Körper erhöht werden soll. Das kann geübt werden.

Ohne Übung wird es da keine Fortschritte geben. Aber, und das ist eine unserer großen Freiheiten, unserer „Geschenke": Wir können das auch üben, wir können uns dafür entscheiden. Harald Lesch[1] sagte einmal in einem seiner Videos, dass ihm jemand gesagt hätte - ein Zuhörer bei einem seiner Vorträge, als er über die Sorge bezogen auf den Klimawandel sprach -, ihm sei „alles wurscht!". Es scheint mir das Übel, das *Miasma* (9) unserer Zeit zu sein, dass vielen Zeitgenossen/innen alles wurscht ist.

Oft ist auch keine Unterscheidungsfähigkeit vorhanden, was „glücksrelevant" ist und was nicht. Beim Bodycheck ganz besonderes Augenmerk auf das Herz zu richten ist „glücksentscheidend". Die ganze Transformation steht und fällt mit der

---

1   Lesch, Harald, 1960, Astrophysiker, Naturphilosoph, Professor der Physik

Herzbewusstheit. Das Herz, die Atmung und der Bauch sollten immer im Fokus der Achtsamkeit stehen, vor allem aber das Herz.

Deshalb eben auch „kardiale" Transformation, um die Bedeutung der Bewusstheit und Achtsamkeit für das Herz und die Möglichkeiten, die in der Wahrnehmung und Veränderung liegen, hervorzuheben.

Noch gibt es keine Studien zu meiner Technik. Ich vermute aber, dass wesentliche organische Parameter, wie z.b. Blutdruck und Herzgesundheit - Durchblutung der Herzkranzgefäße - in einem deutlichen, positiven Zusammenhang zu einer erfolgreichen kardio-kognitiven Transformation stehen.

Weit verbreitet ist ja das Autogene Training. Durch Konzentration auf Hände und Arme werden diese schwer und warm, was an der Zunahme der Arteriendurchblutung liegt. Durch wiederkehrende, häufige Konzentration auf das Herz ist zu erwarten, dass die Durchblutung der Herzkranzgefäße ebenso zunimmt wie die der Hände und Arme beim Autogenen Training.

Therapiestudien durchzuführen ist in einer Einzeltherapiepraxis nicht möglich, sowohl vom personellen, als auch vom finanziellen Aufwand her. Aber sicher werden zu dieser Technik eines Tages Studien durchgeführt werden.

Während romantische Liebe mehr ein ganzheitliches Empfinden im Körper hervorruft - mit „Flugzeugen im Bauch", Hummeln oder Prickeln im ganzen Körper, sexuell getönten Körperempfindungen und entsprechender sexueller Reaktionen in den primären Sexualorganen, Ekstase des Empfindens, mit Zittern und Vibrieren -, ruft die Liebe des Herzens eine meist ungekannte energetische Kraft hervor, die mit einem warmen Herzen, einer tiefen kräftigen Zwerchfellatmung, einem warmen Bauch und einer energischen, klaren, ruhigen Körperhaltung und Stimme einhergeht.

Überkommt uns die romantische Liebe als Überraschung und Geschenk des Schicksals, ist die Herzensliebe ein Ergebnis unserer Entwicklung, die wir selbst steuern und zu verantworten haben. Allerdings kann die Liebe des Herzens bei genügender Übung von jedem gesunden Menschen erreicht werden. Die romantische Liebe kann auch ausbleiben.

KKT setzt einen Entwicklungsprozess voraus, der sowohl gedankliche Übungen einschließt, als eben auch die Übungen zur kardialen Transformation, also Übungen, bezogen auf unsere Körperempfindungen. Deshalb diese Erklärungen, da es auch um das Verstehen geht. Das gedankliche Verstehen ist eine der Vorbedingungen für die Veränderung - es soll ja eine bewusste Veränderung sein, alles andere ergibt keinen Sinn.

Bewusste Veränderung setzt aber Verstehen voraus. Verstehen geht in manchen Bereichen nur gedanklich. In diesem Bereich bewegen wir uns aktuell. Auch die Sprache ist ein Geschenk - wir haben die Sprache, um zu verstehen, um uns zu verständigen.

Auch die Wahrnehmung der Augen meines Gegenübers, das Sehen eines Lächelns, einer einladenden Geste kann zu der Empfindung eines warmen Herzens bei mir führen, auch wenn ich die Landessprache dieses Menschen nicht kenne.

Wenn ich in meinem Land indes gelernt habe mein Herz zu verschließen, wenig oder gar nichts mehr zu spüren, wenn ich „kaltblütig" geworden bin, z.B. weil ich in einer Diktatur aufgewachsen bin, dann muss ich neu lernen, mein Herz zu öffnen. Ich muss dann die Fähigkeit warmherzig zu werden neu erlernen. Dafür ist Denken und Sprache erforderlich.

Bin ich warmherzig, dann kann ich das auch gegenüber der Natur, den Pflanzen und Tieren sein, ja gegenüber allem. Es ist ein Prozess, dort hinzukommen, und wir sind mitten drin.

Wenn wir unsere Empfindungen verwandeln wollen, müssen wir lernen sie zu beachten, zu beobachten, sie kennenzulernen.

Das Annehmen dessen, was auf der Empfindungsebene ist, ist der erste Schritt. Deshalb der Bodycheck. Dann geht es weiter mit der Frage, wie sich unsere Empfindungen unter welchen Bedingungen und Umständen verändern.

Hinweisen möchte ich auf den Unterschied zur üblichen Entspannung. Beim Spüren in der kardialen Transformation geht es vor allem um die Wahrnehmung der Empfindungen im Herzen, in der Brust (Atmung), im Bauch (Verdauung), weniger der Muskulatur. Zwar gehört zu einer allgemeinen guten energetischen Empfindung auch die „rechte" Spannung in der Muskulatur. Vor allem soll aber zunächst darauf geachtet werden, was Wohlgefühl im Leib bedeutet.

Body-Check

Einübung dauerhafter und achtsamer Körperwahrnehmung

Am Anfang soll etwas stehen, was ich mit Body-Check bezeichnet habe. Damit ist gemeint, dass wir mit unserer bewussten Wahrnehmung durch den Körper gehen, ähnlich wie bei einer Entspannungsübung. Man fängt bei den Füßen an, von den Füßen ausgehend geht man über die Beine, über das Becken, den Bauch, über die Brust, die Hände und Arme bis zum Hals und Kopf. Was wird bei den einzelnen Körperteilen spürbar?

Ich benutze am liebsten den Begriff der Empfindung, womit ich Körperempfindungen meine, weil das am deutlichsten und einfachsten zu kommunizieren ist - man genau weiß, was der andere meint, wenn er z.B. sagt „Mein Herz ist schwer" oder „Ich spüre ein Kribbeln im Bauch". Das ist nämlich etwas anderes, als wenn jemand sagt „Ich bin traurig" oder „Ich bin wütend".

Mit unseren Begriffen der Gefühle verbinden wir sehr unterschiedliche Körperzustände; ich benutze in meiner Therapieform - der kardialen Betrachtung oder der Betrachtungsweise der Körperempfindungen - gerne das Wort der Empfindung, um eine klare Aussage darüber zu haben, wo im Körper etwas Bestimmtes empfunden wird. Das ist später auch der Bereich, den wir transformieren können. Natürlich sind es die Gefühle, die transformiert werden. Aber in der Begrifflichkeit und um der Klarheit willen sage ich Empfindungen.

Deshalb steht ganz am Anfang die Beobachtung, zu dieser Beobachtung sage ich Body-Check, denn es geht um den ganzen Körper, es geht darum, den ganzen Körper zu beobachten. Während du das jetzt liest, kannst du auch einfach mal die Übung machen, dass du kurz innehältst, dich entspannt hinsetzt und einmal durch deinen Körper gehst - angefangen bei den Füßen, indem du zunächst nur in den linken Fuß spürst und schaust, wie sich der linke Fuß „anfühlt", was du im linken Fuß empfindest? Ist er eher schwer? Eher leicht? Fühlt er sich warm oder eher kühl an? Ist dein Fuß angespannt oder entspannt? Spürst du ein Kribbeln im Fuß? Oder spürst du gar nichts? Du kannst dir wirklich den ganzen Fuß, den Fußrücken, die Knöchel, die Seiten vom Fuß bewusst machen und möglichst genau für dich wahrnehmen, was du im Einzelnen spüren kannst.

Beim Body-Check geht es hauptsächlich darum, was ich wo spüre und zwar so genau wie möglich. So kannst du den ganzen Körper durchgehen, auch den rechten Fuß, die Beine, die Gelenke und dabei auch mal nach innen spüren.

Wenn man z.B. bei den Augen ist, solltest du auch in die Augenhöhlen hinein spüren, in den Augapfel hinein. Wie fühlt sich das innen an? So auch beim Mund: Wie fühlt sich die Zunge an? Wie fühlt sich der Rachen beim Einatmen an? Wie fühlt sich das Schlucken an? Auch auf den Atem solltest du achten - wie kommt die Luft nach innen, wo spürt man überall Luft, wie bewegt sich der Körper beim Atmen.

Bei diesem Body-Check solltest du möglichst distanziert bleiben, also ein distanzierter Beobachter bzw. Beobachterin bleiben, der/die selbst nichts tut, sondern nur beobachtet. Also auch beim Atem möglichst zurücktreten und es atmen lassen, sodass man nur spürt, wie der Atem kommt und was dabei passiert - die Brust und der Bauch dehnen sich, bis der Atem wieder geht.

Dieses bewusste Beobachten des Körpers und der Empfindungen, der Body-Check, ist praktisch die Basis für alles: für die kardiale Veränderung und für die Transformation, auf die ich später noch eingehe - am Anfang steht wirklich die genaue Beobachtung. Nicht entspannen, nicht anstrengen - nur beobachten, beachten, interessiert beachten. Am besten ist eine kindliche Neugierde, was es da im Körper alles zu spüren gibt.

Ganz wichtig ist die Unterscheidung der Empfindungen zwischen Organen und Muskeln. Die Muskeln, die oft bei der Entspannung angesprochen werden, unterliegen der soge-nannten *willkürlichen Muskulatur* (10), unserem Willen und sind quergestreifte Muskeln. Die inneren Organe unterliegen nicht unserem Willen, sie werden vom sogenannten *vegetativen Nervensystem* (11) gesteuert und enthalten glatte Muskulatur. Tiefe Gefühle verändern sehr stark auch den Zustand unserer inneren Organe, z.B. auch der Blutgefäße.

Es ist deshalb ganz entscheidend für Erfolge in der KKT, sich diese inneren Organe so gut es geht bewusst zu machen, sie zu beobachten. Nicht umsonst sagt der Volksmund: Das ging ihm an die Nieren. Man kann das spüren und dadurch entsprechend reagieren, handeln.

Nicht entspannen, nicht anstrengen -
nur beobachten, beachten, interessiert beachten.

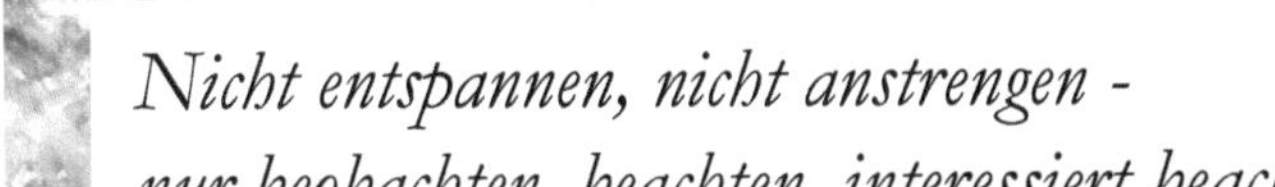

Empfindungstechniken

Du schwimmst dich frei. Du hast begonnen dein Denken zu befreien. Du kannst inzwischen immer deutlicher Einfluss auf das Denken nehmen und du hast deinen Körper beobachtet, kannst unterscheiden zwischen einem Gedanken und einem Gefühl, einer Empfindung

Du weißt inzwischen, dass Gefühle sehr subjektive Konglomerate aus Erinnerungen, Gedanken und Körperempfindungen sind und dass sich die Transformation auf die tatsächlich real wahrnehmbaren Empfindungen in deinem Körper bezieht.

Nun ist schon wichtig, dass du unterscheidest zwischen Symptomen, die eine Krankheit signalisieren, und Empfindungen, die deinen seelischen Zustand repräsentieren bzw. stärker mit dem seelischen Sein verbunden sind als mit einer Krankheit. Die Übergänge sind hier allerdings fließend.

Gerade bei psychosomatischen Erkrankungen denken wir oft, dass wir eine körperliche Erkrankung haben, was dann aber „nur" funktionelle Störungen im Sinne einer seelischen Problematik sind. So sagte man früher - zu Sigmund Freuds Zeiten -, die Hysterie könne jede körperliche Erkrankung kopieren, bis hin zu Blindheit oder Schwangerschaft (eingebildete Schwangerschaft).

Heute ist es vor allem die sogenannte „Panikstörung", die sehr viele körperliche Symptome produziert und auf der Basis einer Atemstörung zu Funktionsveränderungen im Körper führt. Es treten oft Atemnöte auf, Herzbeschwerden, Missempfindungen an verschiedenen Körperstellen - oft an Händen und Füßen – Bauchbeschwerden, Krämpfe in Händen und Füßen.

Ursache ist eine unbewusste (!) Veränderung der Atmung mit einer zu großen Ausschüttung von Kohlendioxid, was zu einer Verschiebung des Blut-PH-Wertes und damit zu den verschiedensten Symptomen führt.

In solchen Fällen ist es sehr wichtig, dass ein fachkundiger Mensch zu Rate gezogen wird. Prinzipiell lässt sich eine psychosomatische Erkrankung mit Hilfe der KKT heilen.

Wenn du unterscheiden gelernt hast, ob es sich um Krankheitssymptome handelt oder seelisch bedingte Empfindungen, dann beginnt der eigentliche Transformationsprozess auf der Empfindungsebene. Du konzentrierst dich auf die störende, die unangenehme Empfindung, du umkreist sie in Gedanken; du spürst in dich hinein und versuchst den Mittelpunkt, den Schwerpunkt der Empfindung zu finden.

Wenn du ein Bild hast, wie groß, wie ausgedehnt, wie gravierend die Empfindung ist, wo ihr Schwerpunkt liegt, dann bleib bei der Empfindung, versuche nicht darüber nachzudenken, nicht zu analysieren, was ist es, wo es herrührt, sondern bleib dabei und warte - immer wieder. Immer wenn diese Empfindung wieder auftaucht, bleib dabei und warte. Versuche nicht darüber nachzudenken.

Dies hört sich einfach an, ist indes das Schwerste im Leben - die Realität und hier eben die Körperrealität zu akzeptieren, wie sie ist und zu warten, bis es anders wird. Ich weiß, dass es besser wird. Wenn du oft genug gewartet hast, weißt du es auch.

Du kannst natürlich auch einen Wodka trinken, ein Medikament nehmen, immer wieder zum Arzt oder zu Ärzten rennen, weinen, wieder Kind sein wollen. Besser wird es nur dann, wenn du die Realität, deine Realität akzeptierst.

Einen Schritt weiter gehst du, wenn du nicht nur wartest und akzeptierst, sondern wenn du diesen Schmerz, die Enge, Kälte, Leere, den Schwindel, Tinnitus, Kopfschmerz als Teil von dir begrüßen und liebevoll annehmen kannst.

Du kannst denken lernen, dass dein Körper nicht dein Feind ist, sondern dass dir dein Körper helfen will. Vielleicht will dir dein Körper mitteilen, dass du dich übernommen hast; vielleicht will er dich erinnern, dass du zulange etwas Falsches geglaubt hast; vielleicht will er dir signalisieren, dass deine Begeisterung für das Leben noch nicht ausreichend ist; vielleicht drückt er dich, weil du dich zu selten freust, zu wenig die Freude in deinem Leben gesucht hast, sondern zu oft die Pflicht.

Vielleicht geht dir das ewige Gemurre deiner Mutter an die Nieren, vielleicht sollst du lernen, deinen Unmut einmal auszudrücken, dass die Galle sich nicht so anstauen muss. Vielleicht bedarf es etwas mehr Mut, deiner Nachbarin zu gestehen, dass du sie liebst, damit deine Herzbeschwerden weniger werden dürfen.

Diese und noch viel mehr Fragen sind natürlich erlaubt, wenn du lange genug beobachtet, gewartet und akzeptiert hast, was dein Körper dir an Empfindungen präsentiert. Das Leben äußert sich immer aktuell als Empfindung. Und jede Empfindung signalisiert dir als erstes laut und deutlich: Du lebst, es ist eine Aufforderung zur Freude, dass du die Sicherheit hast, dass du lebst und zwar immer deutlich und aktuell.

Gegen die Empfindung ist jeder Gedanke eine schwache Lebensäußerung, er ist flüchtig wie ein Lied, die Empfindung hingegen ist dauerhaft, oft stark wie ein Adler, wie ein Elefant oder ein Wal. Wenn du lange bei der negativen - der „feindlichen" - Empfindung verweilt hast, dann suche im Körper ein angenehmeres Areal und bleibe eine Zeitlang dort. Vergleiche!

Empfindungen zeigen uns, wo wir im Leben stehen. Wenn

du immer wieder aus der Balance kommst, wütend wirst, deine Kinder anschreist, dich unwohl fühlst, wenn du starken, autoritären Menschen begegnest, brauchst du den Wandel.

Wenn du deine wirklichen Bedürfnisse nicht kennst, oder wenn du sie zwar kennst, aber nicht leben kannst, weil du dich behaupten müsstest gegenüber Eltern, Partner, Chef, weil du unangenehme Empfindungen in Kauf nehmen müsstest, dann fehlt dir der Wandel.

Wenn du etwas als richtig, gut, wünschenswert oder notwendig für dich ansiehst, dann solltest du es ohne zu große negative Empfindungen durchführen können. Kannst du das nicht, beginne mit der Verwandlung. Wenn du es alleine nicht schaffst, suche dir Hilfe.

Imaginationen und Träume

In der Therapie benutze ich sogenannte Ziel- und wertorientierte Imaginationen nach Dr. Uwe Böschemeyer in einer etwas abgewandelten Form, um den Fokus auf die Transformation der Empfindungen auch in den Imaginationen zu lenken.

Ich empfehle dir, wenn du hier tiefer einsteigen möchtest, dich mit dieser Technik in der Originalliteratur bei Böschemeyer[1] zu beschäftigen oder eines meiner Seminare zu besuchen. Es ist ähnlich wie bei der Traumdeutung, dass beide Techniken so umfangreich sind, dass ich hier nur Andeutungen machen kann

Beide Themen erfordern eigene Literatur und sollen in dieser Übungsanleitung und Grundlegung der KKT nicht ausführlich behandelt werden.

Nur soviel: Wer sich mit dunkler Materie oder schwarzen Löchern beschäftigt hat, weiß, wie wenig wir wissen. Die „moderne Medizin" beschäftigt sich ebenso wenig mit dem alten Wissen der Naturheilkunde wie mit der chinesischen Medizin, nicht mit dem Ayurveda, nicht mit vielen traditionellen Heillehren, sie hat keine Tiefe in der Philosophie, sie ist korrekturwürdig.

Parapsychologische Forschung hat in Deutschland keinen Lehrstuhl mehr, die Forschungen der Psychologie sind in vielen Bereichen zu spekulativ.

Was im Unterbewusstsein wirklich geschieht, wissen wir nicht, die Komplexität eines einzelnen Menschen ist nicht erfassbar. Dennoch können wir über Träume, über Imaginationen durch ein kleines Fenster, durch das Schlüsselloch in das

---

1   Böschemeyer, Uwe, 1939 geboren, Theologie, Psychotherapeut

Unterbewusstsein eines Menschen blicken. Es gibt die Traumdeutung, so wie es die Symptomdeutung, die Deutung von
Imaginationen gibt.

Diese Deutungsarbeit ist allerdings so speziell und individuell, dass sie kaum hilfreich beschreibbar ist. Von Traum-
deutungsbüchern, die Symbole erklären, ist abzuraten. Es gibt
in der Tradition von C. G. Jung einige gute Bücher[I]. Ganz
entscheidend ist im Bezug auf das Unterbewusstsein das eigene
Interesse und die Neugier, die Frage: „Wer bin ich?"

Ob ohne diese Frage, ohne ein gewisses Interesse für das
eigene Unbewusste eine wirkliche Transformation der Empfindungen stattfinden kann, ist sehr fraglich - vermutlich allerdings
eher nicht. Aber hier bin ich vorsichtig.
Etwas Genaues weiß man nicht.

I   Verena Kast, /Träume; Marc Solms, Traumdeutung und Neurowissenschaften, Ernst
Aeppli, Der Traum und seine Deutung über Träume.

Briefe

Liebe Frau A.

Immer wieder kamen ihnen die Tränen. Ja, es ist schlimm, dass sie immer das Mauerblümchen waren in der Schule und dass ihre Freundinnen es so viel leichter hatten. Denen fiel das Lernen leicht, sie waren hübsch und intelligent und mussten sich zuhause nicht viel betätigen und schrieben trotzdem ihre Einsen.

Sie mussten sich anstrengen, eine Klasse wiederholen, waren nicht so beliebt und „hinkten" sozusagen hinterher. Dann haben sich ihre Eltern noch getrennt und ihr Freund versteht sie nicht und möchte lieber eine Pause in ihrer Beziehung machen, bis es ihnen besser geht, sie stärker sind.

Sie haben eine Ausbildung gewählt, die sie überfordert: morgens um 5 Uhr aufstehen, zudem körperlich zu schwer für ihre nicht so stark ausgeprägten Muskeln. Aber sie wollen es durchziehen, sie hätten das Abitur ja letztlich auch geschafft.

Bravo - sie werden es schaffen. Allerdings wird es gut sein, wenn sie noch etwas „Werkzeug" an die Hand bekommen, wie sie von Tag zu Tag stärker und zufriedener werden können.

Das größte Geschenk für uns Menschen - oder unser großes Glück - ist dass wir denken können, was wir wollen. Wir können denken: „ Ich bin hübsch" oder „Ich bin hässlich!" Wir können denken: „Ich bin klug und intelligent" oder „Ich bin dumm", „Ich bin geschickt", „Ich bin ungeschickt", „Ich bin schnell genug" oder „Ich bin zu langsam".

Es gibt keine objektiven Maßstäbe für hübsch, klug, Lebensgeschwindigkeit. Ich kann ihnen nur sagen, dass ich mich sehr attraktiv finde, äußerst klug und intelligent, mit einer vollkommen genialen Lebensgeschwindigkeit lebe und so sehe ich sie ebenso.

Ich glaube nur, dass sie sich zu wenig so sehen, dass sie sich zu wenig lieben, zu selten liebevoll über sich selbst denken, sich zu langsam und zu schwach finden. Genau da beginnt das Umdenken: Sie müssen nicht so denken. Stellen sie sich vor den Spiegel und schauen sich in die Pupillen.

Was sehen sie? Ich kann es ihnen sagen, was sie sehen: „Sie sehen eine Heldin, eine äußerst hübsche, gut aussehende, junge Heldin, voller Kraft, Liebe, Sehnsucht nach Freiheit und Wahrheit. Sie sind wunderschön und absolut intelligent und klug.

Sie können absolut glücklich darüber sein, dass sie gesund sind und keine starken unangenehmen Gefühle haben. Jetzt kann das Leben beginnen, sie haben alles in der Hand, sie können denken, was sie wollen und tun, was sie wollen.

Alle Entscheidungen liegen in ihrer Hand - dies gilt für uns Menschen. Wir müssen keinen bestimmten Beruf erlernen, ja in Deutschland muss man gar keinen Beruf erlernen. Man muss noch nicht mal einer Arbeit nachgehen. Man hat viele Rechte, z.B. das Recht auf ein kleines Grundeinkommen, aktuell namens Hartz4, man hat das Recht auf eine Wohnung und das Recht auf Teilhabe an den gesellschaftlichen Dingen.

Natürlich wird man mehr Geld verdienen, wenn man etwas gelernt hat, studiert hat und arbeitet. Sie wollen später noch studieren - Sie können es - mit Abitur und ihrer Intelligenz geht das relativ leicht. Sie werden von den Eltern unterstützt werden oder Bafög bekommen. Also: Sie haben so viele wunderbare Möglichkeiten in unserem Deutschland.

Sie wollen aber glücklich sein. Das ist wunderbar, denn das

ist inzwischen nicht mehr so schwer, wie es früher einmal war. Wir wissen heute viel mehr als vor 50 Jahren: Wir wissen inzwischen, dass zwischen Menschen stets Machtkämpfe ablaufen - zwischen Eltern und Kindern, Lehrern und Schülern, Professoren und Studierenden, Männern und Frauen, Ärzten und Patienten, Therapeuten und Klienten, meist und leider unbewusst.

Weshalb laufen diese Machtkämpfe ab? Niemand möchte durch andere an seine Grenzen gebracht werden und sich schlecht fühlen, also sorgt man im Zweifel dafür, dass sich der andere schlecht fühlt, wenn man die Mittel dazu hat.

Oft sind es materielle Mittel, mit denen Unterdrückung stattfindet. Typisches Beispiel aus früheren Zeiten: Der Vater sagt: „Du machst, was ich will, solange du von mir finanziert wirst!". Der Unternehmer entscheidet z.b. über ungleiche Löhne zwischen Frauen und Männern, der Arzt verordnet ein Medikament nicht, das man gerne möchte.

Doch der Hauptmachtkampf ohne materiellen Hintergrund wird anders geführt: z.b., indem man kein Interesse am anderen zeigt, indem man jemandem nicht interessiert genug zuhört, indem man wegschaut, wenn der andere spricht, indem man lauter spricht als der andere, indem man machtvolle Gesten anwendet, indem man den anderen mit den Pupillen fixiert oder anstarrt, indem man den anderen nicht anschaut, indem man andere zu viel kritisiert, anschreit, wegläuft.

Es gibt tausende von Möglichkeiten, um zu zeigen, dass man nicht liebt, nicht lieben kann. Die Alternative zum Machtkampf ist nämlich die Liebe. Liebe ist allerdings kein romantisches Gefühl, das einen erotisch anzieht, sexuell erregt oder einem das Blut prickeln läßt. Das ist wunderschön und sollte uns schon auf andere aufmerksam machen. Reife Liebe ist immer größer werdend, das Ergebnis einer persönlichen Entwicklung der Bewusstwerdung des Machtkampfes und der Beendigung desselben durch Übung.

Wie außen, so innen, und umgekehrt. Aus Selbstsicht wird Weltsicht. Das bedeutet: Auch in uns selbst findet ein Machtkampf statt, der Machtkampf zwischen liebevollen, lebendigen, *biophilen* (12) Gedanken und ängstlichen, feindlichen, hasserfüllten, toten, zum seelischen Absterben führenden, *nekrophilen* (13) Gedanken.

Doch wir haben die Entscheidungsfreiheit und die Entscheidungsverantwortung - in uns selbst und in der Welt. Wollen wir liebevolle, glückliche, lebendige, neugierige, vitale Menschen sein oder freudlose, unglückliche, unzufriedene, materiell orientierte. Wir können uns entscheiden - yes, we can.

Was ist das Leben? Wie zeigt sich das Leben? Es zeigt sich in der Empfindung. Die seelische Körperempfindung, allerdings auch der körperlich bedingte Schmerz, ist die Äußerung, die Sprache unseres Lebens. Das Leben sagt: „Hallo, hier bin ich, das bin ich, deine aktuelle Empfindung". Das Denken allein ist kein Leben.

Das bedeutet: Wenn man sich rund um wohl fühlen will, wenn das Leben, die Empfindungen, sich toll anfühlen sollen, dann müssen wir an den Empfindungen arbeiten und dies geht nur über Denken, Entscheiden, Tun, neue Empfindungen kennen lernen. Es sind immer wieder die ängstlichen Empfindungen, die wir überwinden müssen, dadurch kommen wir zu den guten.

Wichtig zu wissen ist, dass das Leben immer aktuell ist, immer im „Hier und Jetzt", wie man so schön sagt. Die Empfindung ist immer nur im Augenblick zu spüren, das heißt: Das Leben ist immer nur im Augenblick zu spüren, jetzt und jetzt und jetzt.... Alles andere sind Erinnerungen oder Fantasien über die Zukunft. Wir können uns schöne Gedanken über die Zukunft machen und wir können unsere Erinnerungen verändern.

Stellen sie sich vor, dass es einen Zeugen, eine Zeugin gibt, die ihr Leben begleitet hat. Die Zeugin, der Zeuge hat nicht bewertet, verurteilt oder gelobt, er hat einfach aufgezeichnet. Was sie aus den Erinnerungen erinnern, ist sehr unterschiedlich. Oft vergessen wir besonders schöne Momente des Lebens, weil wir uns von unangenehmen Erinnerungen überfluten lassen.

Im Mutterleib, als Säuglinge und Kleinkinder hatten wir so gute Erlebnisse und Gefühle, bzw. Empfindungen - wir können lernen, uns wieder daran zu erinnern. Manchmal kommt noch etwas in Träumen zurück davon, in Imaginationen können wir weit zurück gehen. Wie schön war das im Kinderwagen, wenn die Sonne schien und die Bäume über uns vorbei schwebten? Wie schön war das, wenn wir gebadet wurden oder an Mutters Brust nuckelten.

Wie schmeckten die ersten Fruchtsäfte, die Muttermilch, wie kuschlig waren die warmen Decken, wie leuchteten die Christbaumkugeln und was konnte die Sonne für Muster malen und die Eiskristalle erst an gefrorenen Fensterscheiben. Ein Lob, eine Zärtlichkeit, ein Kuss. Wieviel schöne Erinnerungen gibt es? Berge, Meere, Wind, Tiere, Bäume, Blätter, Schmetterlinge, Zwetschgen, Zimt und Zucker…

Wir steuern den Weg unseres Denkens. Mit Übung wird das Gute und Schöne mehr, das Schwierige, das Hässliche, das Blöde wird weniger. An manchen Erinnerungen kleben noch Tränen und wollen noch geweint werden, damit wir uns von bestimmten Bildern endgültig verabschieden können. Aber auch das können wir.

Manchmal ist es, als ob man in einem dunklen Zimmer sitzt - dann wird der Vorhang aufgezogen, ein Sonnenstrahl fällt

herein, ein neuer Gedanke, eine bewusste Empfindung: Jaaaah-
hh, das ist mein Leben, ich spüre es! Sie können es immer
spüren. Richten sie ihre Aufmerksamkeit auf ihr Herz! In ihren
Bauch, in ihre Brust, ihre Füße. Überall wo sie sich spüren, wo
sie etwas empfinden, pulsiert ihr Leben, äußert sich das Leben
persönlich in ihnen.

Gibt es Ängste in ihrem Leben? Ängste erfordern Entscheidungen. Nur wer Ängste hat, kann mutig werden. Mut ist die
Entscheidung etwas zu tun, das man als gut und richtig ansieht,
obwohl man vermutet, dass man sich dabei schlecht fühlen
wird. Das ist die Überwindung von Ängsten - man wird sich
hinterher besser fühlen, bessere Empfindungen haben, wenn
man es getan hat.

Wenn man nicht weiß, was gut und richtig ist, lässt man sich
Zeit, bis man es weiß. Da lohnt es sich schon etwas darüber
nachzudenken. Man hört auf die innere leise Stimme - man-
che sagen dazu auch Gewissen. Jeder kennt das: Wenn sie den
Weg gehen, werden sie zufriedener und glücklicher werden.
Sie wissen, was gut und richtig für sie ist. Tun sie es. Rom ist
nicht an einem Tag aufgebaut worden, alles benötigt seine Zeit.
Nehmen sie sich alle Zeit der Welt und üben sie.

Denke nicht, horche in dich hinein!
Denke nicht, tue etwas!
Jetzt, in diesem Moment lebe ich, ich spüre es!
Jetzt kann ich neu beginnen!
Ich bin klug und schön, ein Mensch!
Ich bin stolz auf mich, ich bin eine Heldin"

Liebe Grüße

Ihr Psychotherapeut

Lieber C.

Wir lernen uns gerade erst kennen. Du hast mir von dir erzählt, du hast Zimmermann gelernt, hast den väterlich/großväterlichen Betrieb übernommen, hast ihn mit jemand zusammen geführt - 50 Mitarbeiter, die Auftragslage wurde schlechter; du hattest Architektur studiert, geheiratet, zwei Kinder bekommen, ein Haus gebaut, du konntest nicht mehr schlafen und hast immer wieder Schlafmittel vom Hausarzt verschrieben bekommen.

Wenn es schwieriger wurde in deinem Leben, dann hast du mehr *Doxepin* (14) genommen, dich etwas mehr angestrengt, zusammengerissen, bis es nicht mehr ging und auch die Höchstdosis nicht mehr half. Deine Frau hatte sich ganz der schwierigen Tochter zugewandt, für dich war immer weniger Zeit: Zusammenbruch, Klinik, noch mehr Medikamente; du seiest depressiv, rezidivierend.

Du hast die Schnauze voll - das kann ich gut verstehen. Mit dem Doxepin hast du ärztlicherseits keine Hilfe bekommen, sondern bist langsam aber sicher in eine ärztlich verursachte Abhängigkeit gedrängt worden.

Anstatt diese Abhängigkeit zu beenden, als du ein Vierteljahr in der Klinik warst, wurde die eine Abhängigkeit durch andere Medikamente ersetzt. Dir wurde eingeredet, wie gestört du psychisch seist, du hast beides – zumindest teilweise - angenommen, weil du verzweifelt warst und keinen Ausweg aus deinem Dilemma gesehen hattest.

Nun kommst du dennoch wieder zu einem ärztlichen Psychotherapeuten, weil du die Hoffnung noch nicht ganz aufgegeben hast, dass es eine andere Lösung geben könnte.

Du hast in deiner Frau und Freunden gute Berater. Zwei, drei dieser Leute kennen mich und halten viel von mir. Aber was kann ich dir anbieten?

1. Du kannst selbst die Verantwortung für dein Leben zurück gewinnen. Dazu gehört, dass du die Abhängigkeit von den Medikamenten erkennst, annimmst und beendest.

2. Du kannst entscheiden, dass du keine seelische Erkrankung hast, dass du aber schon durch die Schlafstörungen damals darauf hingewiesen wurdest - von deinem Körper -, dass etwas nicht stimmt und du etwas an deinem Leben ändern solltest. Du hattest dich übernommen und nicht das getan, was dir gut getan hätte. Ich glaube, das ist eine Wahrheit.

3. Du kannst immer neu beginnen - jeden Tag, auch heute. Neu beginnen bedeutet, dich selbst ehrlich im Spiegel anzuschauen, dich zu fragen, wovor du Angst hast, oder Befürchtungen, aber auch, was dir die größte Freude im Leben brächte?

4. Dann beginne ab heute, dir nicht mehr weh zu tun, sondern deine Freude zu suchen und diese zu verwirklichen. Damit meine ich keinen oberflächlichen Spaß, sondern, dass du in dich hinein horchst, deine leise, innere Stimme befragst, was dir wirklich gut. Ich meine damit, dass du die Empfindungen in deinem Körper beobachtest und immer wieder überprüfst, ob sich dein Körper bei den entsprechenden Aktivitäten auch wirklich wohl fühlt.

5. Wenn es dir alleine zu schwer erscheint, geh in eine Selbsthilfegruppe oder gründe eine, z.B. für Menschen mit Schlafstörungen. Ich könnte dir dabei helfen.

Letzte Frage: Was begeistert dich und wie kommst du in diese Begeisterung?

Ich freue mich auf unsere weiteren Gespräche. Du bist ein Held, ein toller Mann, vielleicht ist das jetzt die Wende in deinem Leben, die dazu führt, dass du aufwachst. Darum geht es: aufzuwachen für die Begeisterung.

Lies mal den Brief an T. vielleicht hilft der auch noch ein wenig weiter. Also bis bald

Liebe Grüße

Uli

Darum geht es:
Aufzuwachen für die Begeisterung

Liebe S.

Du bist solch eine willensstarke Powerfrau. Was hast du schon alles geschafft? Toll. Aber da gibt es eine Angst in deinem Leben, die ist noch größer. Du denkst du musst sterben, das kannst du nicht aushalten. Herzrasen, Luftnot, Schwindel. Oft tritt es in engen Räumen auf, im Fahrstuhl, im Tunnel, im Auto, auf Rolltreppen, an der Kasse.

Was ist das? Es ist eine körperliche Reaktion, die sehr sehr viele Menschen kennen. Als ich in der Psychosomatischen Klinik gearbeitet hatte, kamen etwa 40 % aller Patienten/innen mit diesen Symptomen in die Klinik.

Oft standen diese oder ähnliche Symptome am Beginn ihrer „Krankheitskarriere", ihrer Krankengeschichte. Inzwischen waren sie operiert, bekamen Medikamente, mindestens *Betablocker* (15), oder stärkere Mittel. Es begann mit einer sogenannten funktionellen Störung, mit der sich viele Ärzte nicht auskennen. „Funktionell" bedeutet, dass sich zwar im Körper etwas verändert, aber wenn es vorbei ist, alles wie vorher ist; der Körper hat keinen bleibenden Schaden genommen.

Was hat sich verändert? Durch die Angst, das Herzrasen, den Schwindel, die Luftnot atmet man meist unbewusst etwas schneller, tiefer. Viele gehen auch ans Fenster, weil sie das Gefühl haben, keine Luft mehr zu bekommen. Manche werden mit dem Notarztwagen in die Klinik eingeliefert. Dort wird man nach ein bis drei Tagen wieder entlassen, weil nichts Organisches gefunden wird. Es kann auch nichts gefunden werden, weil es eine funktionelle Störung ist. Und du leidest auch darunter.

Wenn es dich im Auto überfällt, fährst du inzwischen rechts ran und wartest, bis du dich wieder etwas beruhigt hast.

Du bist eine Zeit gar nicht mehr Auto gefahren, aus Angst du könntest bewusstlos werden. In den seltensten Fällen wird jemand bewusstlos. Starker Schwindel kann allerdings schon auftreten, sodass man sich setzen oder hinlegen muss.

Nun - was passiert? Durch das schnellere, meist unbewusste Mehratmen verändert sich der Kohlendioxidgehalt im Blut, man atmet zu viel Kohlendioxid aus. Dadurch verändert sich der pH-Wert des Blutes. Damit verändern sich alle Übertragungsprozesse an den Synapsen. Man kann dadurch alle möglichen Symptome erleben, die dann noch mehr Angst machen- es ist ein Teufelskreis.

Oft empfehlen Ärzte, man solle in eine Plastiktüte atmen, damit man das Kohlendioxid wieder einatmet. Manche Mediziner spritzen Kalzium oder Magnesium, vor allem wenn Krämpfe auftreten, was sehr häufig vorkommt. Oft werden falsche Diagnosen gestellt, z.B. Epilepsie, Asthma oder Psychose.

Üblicherweise muss man eine Therapie machen, damit die Angst wieder verschwindet. Es stellt sich nämlich bald die sogenannte Angst vor der Angst ein. Dies bedeutet, dass man das Ganze schon mal erlebt hat und man es nicht wieder erleben möchte, weil es sich so schrecklich anfühlt. Dadurch steht man schon etwas unter Spannung, was die Wahrscheinlichkeit, dass es wieder auftritt, natürlich erhöht.

Dahinter steckt fast immer ein inneres Hin und Her. Darf man aggressiv sein oder nicht, darf man traurig sein oder nicht, darf man sich trennen oder nicht, darf man… darf man… . Man muss lernen, sich alles Mögliche zu erlauben. Ja man darf sich selbst sein. Man ist vollkommen okay. Vor allem darf man aggressive Gefühle haben, starke aggressive Gefühle, man darf Mordfantasien haben, schrecklich gemeine Fantasien.

Du darfst S.

Die KKT kann besonders gut helfen: Hier wird nicht mehr von Angst gesprochen, sondern z.B. von Luftnot, Herzrasen, Schwindel - von Körpersymptomen, Körperempfindungen. Körperempfindungen - das hast du jetzt ja schon gelesen - wollen uns helfen etwas zu verstehen, etwas zu versuchen, etwas in unserem Leben zu erkennen und zu verändern, zu verbessern. Was könnte das sein?

Es wäre deine Aufgabe herauszufinden, was nicht stimmt. Wozu bleibt dir manchmal die Luft weg? Wozu stellt dir dein Körper manchmal so viel Energie zu Verfügung, dass du dein Herz schlagen spürst und zwar schneller als sonst. Was würde so viel Energie erfordern? Welche Änderung in deinem Leben? Du hattest damals ziemlich lange gebraucht: um dich zu trennen. Du hattest immer wieder Hoffnung, dass die Gemeinheiten deines Partners aufhören. Vielleicht hättest du dich schneller trennen können. Du konntest es nicht. Du bist krank geworden.

Wie ist es jetzt - inzwischen hast du zwei Kinder mit einem anderen Partner -, ist jetzt alles gut? Wir haben uns länger nicht gesehen, was ich als gutes Zeichen interpretiere.

Vielleicht erzählst du mir bald mal von deinem weiteren Lebensweg.

Dir alles Liebe und bis bald

Dein Uli

Lieber T.

Du hast alles, was man so braucht: ein Land, in dem Frieden herrscht, sichere Stromversorgung, eine tolle Familie mit drei Kindern, alle auf dem besten Weg, gesund, klug, gute Menschen, eine sehr liebe Frau, ein Haus, ein Auto, einen sicheren, wohl dotierten Job, Intelligenz, du siehst gut aus, bist trainiert, fährst täglich mit dem Fahrrad, kannst gut singen, spielst gut Saxophon, hattest bis vor Kurzem in einem Orchester gespielt, in dem du bei Auftritten begeisternde Momente erlebt hast, du bist ausgetreten, weil der Aufwand für die kurze Begeisterung zu groß war.

Jetzt begeistert dich nichts mehr so recht. Vermutlich war diese Begeisterung im Orchester beim Auftritt eine von selbst eintretende Empfindung, die einfach schön war. Gern würde ich dich fragen, ob du dabei Herzklopfen hattest, oder Freudenschauer, die dir den Rücken rauf und runter rieselten, oder ob es sich ähnlich anfühlte, wie wenn man sich verliebt.

Jedenfalls war es ein Geschenk. Was du noch nicht wusstest, war, dass es darum geht, sich selbst in diese Begeisterung zu versetzen, ohne Anstrengung, ohne Kampf. Als Kind hättest du vor Begeisterung immer die Arme so von dir weggeworfen, so nach vorne, das hätte uncool ausgesehen.

Ich hatte als Kind vor Begeisterung Purzelbäume geschlagen, das kommt mit 70 auch nicht mehr so gut, fraglich auch, wie gesund es für mich heute noch wäre. Aber ich bin permanent begeistert. Wie habe ich das geschafft? Stimmt es überhaupt? Drei Dinge brauchen wir um der Begeisterung näher zu kommen: Vertrauen, Bemühen und Zweifel.

Ich weiß, dass ich lebe. Ich spüre mein Leben. Es ist erstaunlich. In jeder Millisekunde laufen in meinem Inneren *Myriaden* (16) physiko/chemischer Prozesse ab, die von einer nicht fassbaren Komplexität sind. Wenn ich das Wort: „künstliche Intelligenz" höre, frage ich mich welcher „Intelligenzbolzen" solch einen Begriff geprägt hat. „Maschineller Dummi", würde ich meinen Rechner nennen. Im Verhältnis zu mir können solche Apparate doch wirklich so gut wie nichts.

Hast du schon mal einen begeisterten Rechner gesehen? Ich kenne nur Rechner, die sich vollkommen an die Naturgesetze halten. Und wer entschlüsselte und entschlüsselt weiter die Naturgesetze so allmählich?

Gab es eine Atombombe, bevor Otto Hahn[I] die *Kernspaltung* (17) entdeckte? Gab es ein *Planck`sches Wirkungsquantum* (18) vor Planck[II]; war es ein Rechner, der die *Quantenmechanik* (19) entwickelt hat, war es nicht der tolle Werner Heisenberg[III], der die *Unschärferelation* (20) beschrieben hat?

Und jetzt waren es Google-Softwarespezialisten, die einen besonderen Quantencomputer gebaut haben. Zu dieser Spezies gehöre ich: Thales von Milet, Sokrates, Platon, Newton, Kopernikus, Galiläi, Kant, Beethoven, Heidegger…- alles intelligente Menschen. Menschen - wie klingt das in deinen Ohren? Ich weiß, das ist alles normal, da braucht/sollte/kann/darf man ja nicht gleich in Begeisterung ausbrechen.

Im November lege ich meine Tulpenzwiebeln in die Erde und im Frühjahr blüht es wieder überall bei uns: rot, gelb, lila. Der Himmel wird blau, immer wieder, und die Sonne scheint; eine sternenklare Nacht, ich kann sie sehen; die Rosen duften - tatsächlich, sie riechen nicht nur, sie duften. Hummeln summen und Schmetterlinge tanzen.

Als ich vor vielen Jahren nichts von mir hielt - ich überlegte

---

I   Hahn, Otto, 1879 bis 1968, Chemiker
II Planck, Max, 1858 bis 1947, Physiker
III Heisenberg, Werner, 1901 bis 1976

sogar, ob sich das Leben denn lohne, ob ein Selbstmord nicht eine bessere Alternative wäre -, da kam mir der glänzende Gedanke: „Wer denkt das eigentlich?" Du ahnst natürlich, dass ich auch die Antwort fand und mich als den Verursacher meiner besch…. Gedanken ausmachte.

Damals nahm ich mir vor und setzte es auch um, anders zu denken. Ich nannte das damals „neues Denken". „Jetzt kann ich beginnen!", war einer der neuen Gedanken, „Ich bin verantwortlich!" ein anderer. „Ich will glücklich sein!". „Morgen früh will ich mit Freude erwachen!". Jeder Mensch kennt tausende guter, hilfreicher Gedanken, doch die Denkgewohnheiten verlaufen ganz anders. Ohne Bemühen ist in dieser Hinsicht nichts zu bewegen.

Eine Gewohnheit, die dich nervt, eine Gewohnheit, bestimmte Gedanken zu denken, ist nur durch neue Gewohnheiten zu ersetzen. Es ist wie im *Zen-Buddhismus* (21) und wie in der Kunst des Bogenschießens: Man muss es üben - und zwar sehr lange.

Gott hat uns die Fähigkeit zu unterscheiden geschenkt, die Fähigkeit zum Probieren, die Fähigkeit der Freude, der Dankbarkeit, der Begeisterung zu lieben. Er hat uns indes auch die Freiheit geschenkt, auf das Gute, das Bessere, das Beste zu verzichten.

Wenn wir nicht wissen was richtig ist, weshalb fragen wir nicht einen oder zwei Freunde? Wenn wir keine Freunde haben, weshalb suchen wir uns keine? Wenn wir nicht begeistert sind, weshalb zweifeln wir nicht an unserer Fehlentscheidung unserer alten Gewohnheit. Man muss ja auch nicht begeistert sein, wenn man unbedingt nicht möchte.

Will ich leben? Will ich lieben? Will ich mich freuen? Will ich glücklich sein? Will ich begeistert sein? Das sind doch keine

Floskeln irgend eines zusammengelöteten „maschinellen Dummis!" (künstliche Intelligenz). Das sind Fragen, die mein Leben, ja unser Leben als Mann revolutionieren könnten - und Frauen natürlich auch.

Wer lebt? Wer lebt in Dir? Was kannst Du wirklich? Wo ist das begeisterte Kind geblieben, das du einst warst?

Lass uns doch im Sommer mal ans Meer fahren uns eine Tafel Schokolade kaufen und in die ganze Tafel beißen, wenn wir vom Tauchen zurück kommen.

Könnte ich besser schreiben, dann wärst du vielleicht schon vom Lesen begeistert. Ich bin begeistert davon, was in mir an Gedanken auftaucht - einfach so. Ich setze mich hin, haue in die Tasten, und wenn ich dann lese, was ich gedacht habe, bin ich begeistert. Ich will es einfach sein, obwohl ich bessere Texte kenne. Als ich jetzt nach vielen Jahren Herigel[I] und die Kunst des Bogenschießens wieder las, war ich ein paar Mal berührt, meine Augen wurden feucht, von so viel Ernst, Mut, Mühe, Begeisterung, mit der der Autor übte und schrieb. Da kommt wirklich etwas rüber. Als ich einmal Nietzsche las, wurde mir etwas schlecht, so gewaltig sind allein die Worte, die er setzte, die ihm eingegeben wurden.

Wir sind Wunder, absolute Wunder - das Wunder Mensch: du und ich. Und es gibt so viele Wunder auf dieser wundervollen Welt, man mag gar nicht sterben oder ans Sterben denken. Und dennoch gehört auch gerade der Tod zu diesem Wunder mit all seinen Geheimnissen.

Ich hoffe sehr, dass mir meine Begeisterung fürs Leben und Sterben erhalten bleibt und ich ansteckend bin oder werde.

In Freundschaft
Dein Uli

I Herrigel, Eugen, 1884 bis 1955 Philosoph, japanischer Bogenschütze

Wir sind Wunder, absolute Wunder
- das Wunder Mensch: du und ich.

Lieber C.

Inzwischen hast du das Manuskript gelesen, du hast die Medikamente abgesetzt und hast wieder angefangen zu arbeiten. Allerdings hast du immer noch Angst, dass es dir wieder so schlecht wie vor einem Jahr geht und du dann wieder in ein Loch fällst und doch Medikamente brauchst. Deshalb magst du deiner Psychiaterin gar nicht sagen, dass du keine Medikamente mehr nimmst. Du befürchtest, dass sie sauer ist und dich dann nicht mehr behandelt, wenn es ernst wird.

Wenn man mit etwas rechnet, ist die Gefahr, dass es dann auch eintritt etwas größer, als wenn man mit keiner Gefahr rechnet. Natürlich realistisch.

Ich will dir noch mal schreiben, damit du den Kern meiner Therapie noch besser verstehen und entsprechend üben kannst und Vertrauen in dich und in mich findest.

1. Der absolute Kern ist die Erkenntnis, dass das Leben sich nicht vorwiegend gedanklich äußert, sondern in der permanent spürbaren Empfindung. Alles was du permanent in deinem Körper spürst - die Körperempfindung ist die stärkste Äußerung deines persönlichen, individuellen Lebens in jedem Augenblick.

2. Denken ist etwas vollkommen anderes als spüren, als die Empfindung, während wir üblicherweise in Bezug auf die Empfindungen keine unmittelbare Entscheidungsfreiheit besitzen sie zu ändern, haben wir diese Freiheit im Bezug auf unser Denken schon.

3.Wir können also prinzipiell, genetisch festgelegt entscheiden, ob überhaupt und was wir denken wollen. Allerdings ist unsere Gewohnheit als Erwachsene meist, dass wir kaum bewusst entscheiden, was wir denken, sondern, dass wir die Assoziationen, die uns kommen, so zulassen, wie sie gerade kommen. Aber im Unterschied zum Empfinden können wir auf das Denken Einfluss nehmen und uns beim Denken eben andere Gedanken zur Gewohnheit machen als bisher.

4. Insofern hast du meistens auf der Empfindungsebene gar keine empfundene Angst, sondern du denkst: „Was wird sein, wenn es mir wieder so schlecht geht wie vor einem Jahr?" Du bezeichnest dann diesen Gedanken als Angst, ohne in dich hinein zu spüren. Du kannst aber auch denken: „Ich bin gespannt wie mein Leben weiter verläuft, ich freue mich darauf und werde in Zukunft versuchen etwas mutiger zu sein, z.B. auch gegenüber Psychiatern und Psychotherapeuten!"

5. Wenn du unangenehme Empfindungen verspürst, dann macht dir diese niemand. Nicht der oder die andere ärgert dich, sondern du ärgerst dich, oder dir wird eng oder zittrig. Du musst die Verantwortung für deine Gefühle selbst übernehmen, sonst betreibst du ein Schuldverschiebespiel, das keinem hilft.

6. Unangenehme Empfindungen sind Voraussetzung für unseren Wachstumsprozess als Persönlichkeiten. Ohne Angst, ohne Ärger und Wut, ohne Verzweiflung und Hilflosigkeit können wir uns nicht entwickeln.

7. Also begrüße das Unangenehme, versuche es zunächst gedanklich zu akzeptieren, versuche eine neue Einstellung dazu zu finden. Überlege z.B. was dir die Schlafstörungen damals sagen wollten - nicht wer dich genervt und geärgert hat, sondern was du hättest anders machen können.

8. Wenn du ein Liebender werden willst, einer der sich selbst liebt und andere und die Natur, dann musst du in dein Herz hinein spüren: immer wieder, und du wirst bemerken, dass es manchmal weh tut, manchmal schneller schlägt, sich manchmal

schwer anfühlt, manchmal verschlossen und manchmal weit und warm.

9. Wenn unser Herz dann hüpft vor Freude, dann sind wir einen Schritt weiter gekommen.

10. In die Liebe zu kommen ist ein Prozess, es geht nicht von heute auf morgen. Aber das Entscheidende ist die Überzeugung, die Gewissheit, dass es geht, dass es einen Weg dahin gibt. Das kann uns Zuversicht und Vertrauen schenken.

Liebe Grüße
Dein Uli

Wenn unser Herz hüpft vor Freude, dann sind wir einen Schritt weiter gekommen

Glossar

1. **Empfindung:** Empfindung ist immer als Körperempfindung gemeint, i.S.v.: Was spüre ich im Körper? Die Empfindung soll vor allem vom Gefühl unterschieden werden; es ist nämlich sehr unklar, was jemand mit Gefühl meint, während Körperempfindungen sehr genau beschrieben werden können, wie z.b. Herzklopfen, Luftnot und Unterbauchschmerz.

2. **Objektivierung:** eine Versachlichung, ein innerer Abstand zu den Dingen, die es gibt; auch ein Abstand zu den eigenen Empfindungen. Auch unser Körper ist ein „Ding", ist materiell und kann betrachtet werden. Erst wenn mir der Atem bewusst geworden ist und ich ihn bewusst beachte und dann wieder in der Beobachtung bewusst los lasse, kann ich erleben, dass „es mich atmet".

3. **Emotionen:** s. Gefühle

4. **Phänomen:** ein Phänomen ist das „Erscheinende". Philosophisch rankt sich sehr viel um diesen Begriff, der einer ganzen Philosophierichtung den Namen gibt, der sogenannten „Phänomenologie", die von Edmund Husserl[1] etwa 1907 begründet wurde und viele Anhänger gefunden hat.

5. **Phänomenologie:** Siehe Phänomen

6. **ganzheitlich:** einen größeren Zusammenhang darstellend.

7. **Kognition:** Gesamtheit aller Prozesse, die mit Wahrnehmung und Erkenntnis zusammenhängen, im Grunde alles Gedachte und Denkbare

---

[1] Husserl, Edmund, 1859 bis 1938, Philosoph und Mathematiker

8. **Körperbasisempfindung:** Damit ist schlicht und einfach die körperliche Grundempfindung gemeint, die Körperempfindung, die man mit „normal" beschreiben kann.

9. **Miasma:** übler Dunst, Ansteckung, Erddämpfe; faulige, äußerst unangenehme Sache

10: **willkürliche Muskulatur:** Willkürliche Muskulatur ist diejenige, die unserem Willen unterworfen ist, also im Wesentlichen die quergestreifte Muskulur des Bewegungsapparates.

11. **vegetatives Nervensystem:** So wie das willkürliche Nervensystem mit seinen Sehnen, Muskeln, Nerven in den Nervenbahnen, im Rückenmark und im Gehirn sein System hat, so kann man auch ein vegetatives Nervensystem davon abgrenzen, wenn man z.b. die glatte Muskulatur, die Drüsen, die Atmung, die Pupillenweite und deren Nervenstränge und Hirnareale untersucht.

12. **biophil:** zusammengesetztes Wort aus dem Griechischen: Bios – das Leben, Philia – die Liebe; insofern Liebe zum Leben oder zum Lebendigsein; von Erich Fromm begründeter Begriff, ca. 1957, in Abgrenzung zur „Nekrophilie", der Liebe zum Tod, zu Totem.

13. **nekrophil:** s. biophil

14. **Doxepin:** ein sogenanntes trizyklisches Antidepressivum

15. **Beta-Blocker:** Arzneimittel, das im wesentlichen zur Blutdrucksenkung verordnet wird.

16. **Myriaden:** unzählig große Menge

17. **Kernspaltung:** Im Dezember 1938 von Otto Hahn durchführte Bestrahlungen von Atomkernen führten zu einem „Zerplatzen" dieser Atomkerne, die davor als unteilbar galten. Damit war der Grundstein gelegt für Atomwaffen und Atomkraftwerke.

18. **Planck´sches Wirkumsquantum:** 1899 und 1900 entdeckte Naturkonstante, die die Quantenmechanik (s.u.) begründete.

19. **Quantenmechanik:** Quantenmechanik ist eine physikalische Theorie, mit der Vorgänge in Atomen und Molekülen beschrieben werden können.

20. **Unschärferelation:** ein von Werner Heisenberg 1927 beschriebenes Phänomen, das besagt, dass man bei einem atomaren Teilchen nicht gleichzeitig Ort und Impuls beschreiben bzw. messen kann.

21. **Zen-Buddhismus:** eine ab dem 5. Jahrhundert entstandene Strömung des Mahayana-Buddhismus. Ab dem 12. Jahrhundert gelangte diese Strömung nach Japan und erhielt dort eine bestimmte Ausprägung des Zen. Bekannt ist oft das Bogenschießen, das Blumenbinden, die Tee-Zeremonie oder das Schreiben.

22. **Individuation:** von einem Psychoanalytiker geprägter Begriff, der für die Entwicklung des eigenen Selbst steht, für das Erwachen der Persönlichkeit; letztlich ein Begriff, der auch für das Ergebnis der Kardio-kognitiven Transformation stehen kann. Das eigene Talent, die eigene Begabung ist Realität geworden, das was in uns angelegt ist.

23. **Gefühl:** s. S. 12 oben.

Hilfreiche und verwendete Literatur

Äppli, Ernst: ein leicht verständliches Traumdeutungsbuch ist „Der Traum und seine Deutung".

Böschemeyer, Uwe: mein Ausbilder und Lehrer der Logotherapie, der viele Bücher geschrieben hat zur Lebenshilfe, zur Selbstentwicklung. Er schrieb auch Bücher zum Enneagramm; Entwickler der Methode der „ziel- und wertorientierten Imagination", die ich in der Ausbildung von ihm lernte. Er promovierte bei Viktor Frankl, dem Begründer der Logotherapie. Böschemeyer gründete 2006 ein Ausbildungsinstitut in Salzburg.

Descartes, René: Der wichtigste Philosoph im Übergang vom Mittelalter zur Neuzeit. Verblüfft hat mich die Fußnote in seiner Schrift: „Abhandlung über die Methode seine Vernunft gut zu gebrauchen und die Wahrheit in den Wissenschaften zu suchen", in der er einen Hinweis darauf gibt, was er unter denken versteht. Er hatte diesen Satz: „Ich denke, also bin ich" geschrieben und in der Fußnote vermerkt, dass er unter Denken neben Wollen, Erinnern, Vorstellen auch Empfinden versteht. Das war für mich eine Sensation.

Dürckheim, Karlfried Graf: Psychoanalytiker, der als Diplomat zu Zeiten des deutschen Faschismus in Japan den Zen-Buddhismus kennen lernte, aus beiden Systemen schöpfte und in der sogenannten „Initiatischen Therapie" eine Synthese entwickelte. Sehr gefallen, geholfen, begeistert hat mich: „Durchbruch zum Wesen" und „Der Alltag als Übung".

Freud, Sigmund: Gilt als der Gründervater der Psychoanalyse und damit der Psychotherapie überhaupt. Beschreibt erstmalig ein „Unterbewusstsein". Viele glauben seit Freud daran, dass viele unserer Gedanken, unsere Träume, Handlungen, Affekte im Unterbewusstsein entstehen und von uns gar nicht gesteuert werden können, also von unserem bewussten Denken; starke Betonung alles Sexuellen; bekannt durch Ödipuskomplex, Traumdeutung, seiner Persönlichkeitssicht mit Es, Ich und Über-Ich. Freud gehört in die Schule!

Fromm, Erich: Autor vieler Bücher; interessant ist die Erich Fromm-Gesellschaft, die das Erbe Fromms ehrt; sehenswerte Videos auf You Tube mit Erich Fromm. Die beiden Bücher, die mich am stärksten beeinflussten und in meine Arbeit einflossen, waren „Haben oder Sein" und „Die Kunst des Liebens".

Galenenos von Pergamon: bedeutendster Arzt des Altertums, dessen Lehre die Medizin bis ins 15. Jahrhundert beherrschte.

Hahn, Otto: Er gilt als „der Vater der Atomspaltung" und damit der Möglichkeit der Konstruktion von Atomwaffen. Hahn war gemeinsam mit Heisenberg und anderen Physikern nach dem 2. Weltkrieg in englischer Kriegsgefangenschaft. Laut Heisenberg soll Otto Hahn suizidal gewesen sein, nachdem er vom Abwurf der Atombomben über Hiroshima und Nagasaki gehört hatte.

Heidegger, Martin: Heidegger ist einer der größten deutschen Philosophen. Er begrüßte allerdings den Nationalsozialismus und war von 1933 bis 1945 in der Nationalsozialistischen Partei Deutschlands. Deshalb ist er sehr umstritten. Siehe unter Wikipedia: „Debatte über Martin Heidegger und Fake News". Gelesen habe ich sein Büchlein: „Was heißt Denken?" Der am stärksten zum Denken herausfordernde Satz ist: Das Bedenklichste in unserer bedenklichen Zeit ist, daß wir noch nicht denken". Ist das so?

Heisenberg, Werner: Entdecker der nach ihm benannten Heisenberg´schen Unschärferelation. Er gilt als der bedeutenste Physiker des 20. Jahrhunderts; besonders lesenswert: „Der Teil und das Ganze", Piper, München 1969; wunderbare Darstellung seines Lebens, der Geschichte der Physik, der Auseinandersetzung der Physik mit der Philosophie und dem Nationalsozialismus.

Herder, Johann Gottfried: Sehr empfehlenswert ist sein Buch aus den Theoretischen Schriften: „Der Mensch ist der erste Freigelassene der Schöpfung" - was macht uns Menschen aus, was unterscheidet uns von den Tieren?

Husserl, Edmund: Begründer der Phänomenologie.

Jung, Carl Gustav: nach Sigmund Freud der Stammvater der Psychotherapie. Jung, der Nachfolger Freuds werden sollte, hat sich von Freud distanziert, da er die Fokussierung auf das Sexuelle nicht so mitmachen wollte, und einen eigenen Psychotherapieansatz entwickelt, bei dem die sogenannten Archetypen eine wichtige Rolle spielen, also die Urbilder der Menschheit. Interessant ist der Briefwechsel zwischen Freud und Jung. Eine sehr schöne Einführung in das Jung´sche Denken gibt es in Marie-Louise von Franz, „Der Schatten und das Böse im Märchen". Die Autorin war Jungs Vertraute, Schülerin, selbst später Analytikerin, Philologin, Märchenkennerin - gut geeignet zur Selbsterkenntnis.

Kast, Verena: Lehranalytikerin nach C.G. Jung; Lesenswert neben vielem anderen: „Träume, die geheimnisvolle Sprache des Unbewussten".

Lesch, Harald: lange Zeit beim bayrischen Rundfunk und Fernsehen tätig; bekannter Kosmologe, der die Sternenwelt hervorragend erklärte und beschrieb; heute auch viel als Naturphilosoph auftretender Aktivist für die Rettung eines erträglichen Klimas; ein für Verständnis werbender Mensch, für tiefere Zusammenhänge, auch der Klimasituation, aber auch physikalischer, atomarer, quantenmechanischer Zusammenhänge - ein Aufklärer unserer Zeit im besten Sinne.

Molcho Samy: hervorragender Pantomime, der sehr viel bebilderte Bücher herausgab über unsere bewussten und weniger bewussten körperlichen Aktionen und Reaktionen; sehr hilfreich sich der eigenen Gestik, Mimik, Wirkung, Macht- und Ohnmachtfaktoren bewusst zu werden.

Nietzsche, Friedrich: Nietzsche kann/sollte/muss man einmal lesen: eine mächtige Sprache, herausfordernd für den Geist; von den Faschisten falsch verstanden und teilweise missbraucht. Am bekanntesten ist seine Aussage: „Gott ist tot". Ich interpretiere das als: Der Gott der Kirche ist tot, oder die Kirche hat Gott getötet. Nietzsches Vater war Pastor. Bekannt ist auch die Lehre vom „Übermenschen".

Planck, Max: Er gilt als Begründer der Quantenphysik

Rilke, Rainer Maria: wunderschöne Gedichte, z.B.: „Der Panther", eines meiner Lieblingsgedichte; Bewunderer Mussolinis und des italienischen Faschismus; nach Auskunft seiner Frau Clara Westhoff ein nicht beziehungsfähiger Geist.

Rohr, Richard und Andreas Ehlert: Prediger und Pastor, die ein christlich orientiertes Enneagramm-Buch veröffentlichten, das einen guten Überblick über das Enneagramm gibt.

Sokrates: wenn man so will, der Philosoph des Altertums, dessen berühmtesten Schüler Platon und Aristoteles die Philosophie bis heute prägen. Von ihm selbst gibt es keine Schriften, nur von seinen Schülern. Von ihm stammt das Höhlengleichnis, er hat aus Gesetzestreue seine Verurteilung zum Tode angenommen, obwohl er hätte fliehen und bei Freunden in Ruhe sein Leben beenden können. Bekannt ist der sokratische Dialog, der auch heute noch gepflegt wird. Wer sich mit Philosophie beschäftigen will, sollte Sokrates kennen und Platon lesen.

Tödter, Ulf: Autor des Büchleins: „Erfolgsfaktor Menschenkenntnis", in dem das Enneagramm sehr kurz und gut dargestellt wird.

Danksagung

Danken möchte ich meinen Eltern, dass sie den Mut hatten mich zu zeugen, obwohl sie damit eine Ehe brachen. Meine Großeltern mütterlicherseits gaben alles, um einen ordentlichen Menschen aus mir zu machen. Meine Mutter schenkte mir ihre ganze Liebe bis heute.

Renate, meiner ersten Ehefrau sei größter Dank, da sie mich durch die Schriftsetzerzeit, die Abendschulzeit, das Medizinstudium getragen hat. Ohne sie wäre ich vermutlich gescheitert. Tanja, meiner zweiten Ehefrau gleich großer Dank für die Zeit meines inneren „Erwachens". Ohne sie wäre ich nie zu dem geworden, der ich heute bin. Angelika meiner jetzigen Lebensgefährtin gleicher Dank, da sie mich in einer akzeptierenden Liebe stützt, dass ich jetzt sogar Autor werden konnte. Mein Dank an diese Frauen können Worte nicht hergeben.

Meine Kinder sind unbeschreibliche Menschen. Ich darf sagen: Wir lieben uns sehr: Daniel, Anja, Julia, Sophie, Doran und Darjo. Sie sind wie Diamanten durch deren Funkeln ich die Wunder der Welt auf ganz besondere Weise kennen lernen. Ich bin ihnen sehr dankbar. Für die direkte Mithilfe am Buch seien Anja und Doran besonders erwähnt.

Johanna half mir die ersten Hürden zu überwinden und bewahrte mich vor einem frühzeitigen Abbruch meiner Schreiberei, Danke für viele konstruktive Diskussionen. Mein lieber Klavierlehrer Martin, der auch Schlussredakteur ist, brachte Orthografie und Interpunktion in Form - danke dafür.

Danke meinen Freundinnen und Freunden Albrecht, Alexandra, Andreas, Barbara, Benno, Carolin, Djibril, Eva-Maria, Gerd, Günter, Hanno, Heike, Jane, Jan-Moritz, Jochen, Jost, Karin, Klaus, Kristian, Maria, Marion, Mirja, Mehmet, Olaf, Peter, Rea, Reinhard, Sabine, Sada, Sibylle, Stefan, Thomas, Thorsten, Udo, Uwe, Walter, Wolfgang.

Interesse an Seminaren bitte an folgende E-Mail:
ulrichfranznettig@web.de

Für viel Text gerne meine website besuchen:
www.existenzanalyse-lueneburg.de